Erich Maria Remarque Jahrbuch / Yearbook

XXIII/2013

Herausgegeben von Thomas F. Schneider
im Auftrag des Erich Maria Remarque-Friedenszentrums

Carl-Heinrich Bösling / Lioba Meyer /
Thomas F. Schneider (Hg.)

Lost in Cyber Space

Schreiben gegen Krieg im Zeitalter digitaler Medien

V&R unipress

Universitätsverlag Osnabrück

Bibliografische Information der Deutschen Nationalbibliothek

Die Deutsche Nationalbibliothek verzeichnet diese Publikation in der Deutschen
Nationalbibliografie; detaillierte bibliografische Daten sind im Internet über
http://dnb.dbb.de abrufbar.

ISSN 0940-9181
ISBN 978-3-89971-0208-3

Veröffentlichungen des Universitätsverlages Osnabrück
erscheinen im Verlag V&R unipress GmbH.

Titelbild: XYZprojekt - Fotolia.com
Redaktion: Carl-Heinrich Bösling, Claudia Glunz, Lucie Kleiner, Lioba Meyer,
Thomas F. Schneider, Marco Zorn
Satz: Thomas F. Schneider
Druck und Bindung: CPI Buch Bücher.de GmbH, Birkach

Gedruckt auf alterungsbeständigem Papier.

Inhalt

CARL-HEINRICH BÖSING, LIOBA MEYER

Einleitung

Das vorliegende *Erich Maria Remarque-Jahrbuch* basiert auf den Beiträgen einer gemeinsam von der Volkshochschule Osnabrück, der Erich Maria Remarque-Gesellschaft und dem Erich Maria Remarque Friedenszentrum im Januar 2013 durchgeführten Tagung, gefördert mit Mitteln der Stiftung Niedersachsen und der Stiftung der Sparkasse Osnabrück, unter dem Titel »Lost in Cyber Space? Schreiben gegen Krieg im Zeitalter digitaler Medien«. Das Tagungsthema hat in den Folgemonaten durch die öffentlich entbrannten Diskussionen um den Einsatz bewaffneter Drohnen – vor allem in Afghanistan, Pakistan und den Palästinensergebieten – sowie um die von den Whistleblowern wie Bradley Manning und Edward Snowden ausgelösten Debatten über die weitreichende weltweite Datenüberwachung und -auswertung eine ungeahnte Aktualität erfahren. So haben die Themensetzungen wie auch die Auswahl der Referentinnen und Referenten sich im Nachhinein als Glücksgriff erwiesen.

Was war der Anlass für die Tagung? Das Buch *Im Westen nichts Neues* von Erich Maria Remarque und andere Werke der Antikriegsliteratur haben weltweit Millionen Leser erreicht. Der kritischen Auseinandersetzung mit Krieg und Gewalt in Literatur und journalistischer Berichterstattung wie auch im öffentlichen Diskurs kam und kommt in Deutschland eine besondere Rolle zu. Im »Volk der Täter« war dies nach den Schrecken des Ersten Weltkrieges und nach den Jahren der Barbarei des Nationalsozialismus und den Verheerungen des Zweiten Weltkrieges eine unabweisbare Notwendigkeit.

Auch heute findet Literatur gegen Krieg und Gewalt, finden kritische, aufrüttelnde Berichte in den Medien ihre Öffentlichkeit. Aber es ist etwas anders geworden. Kritische Blogs im Internet informieren und mobilisieren Menschen, Demonstrationen werden per Facebook oder Handy verabredet, früher flogen zuweilen Pflastersteine, heute erzielt vielleicht ein »Shitstorm« per Twitter noch größere Effekte. Probleme werden öffentlich, Informationen sind leichter und schneller zugänglich und finden über digitale Netzstrukturen eine rasante Verbreitung. In der jungen Generation ersetzen die News-Apps die Zeitung. Während sich die Familie früher zur *Tagesschau* um 20:00 Uhr versammelte, ist jetzt immer und überall Tagesschau, sind Zugänge zu Daten und Wissensbeständen immer und überall möglich. Der Medienwandel ist genauso allgegenwärtig wie tiefgreifend und politisch relevant. Bürgerrechtsbewegungen wie *occupy* nutzen diese Möglichkeiten, und auch die arabischen Bürgerrevolten und Umstürze sind ein Beleg dafür. Diesen Entwicklungen ist die Tagung nachgegangen.

Die Tagung zielte nicht nur auf die jüngere Generation, die »digital natives«, wie sie oft bezeichnet werden, also diejenigen, die mit den neuen Informationstechnologien aufgewachsen sind und mit diesen wie selbstverständlich umzugehen scheinen. Angesprochen waren Teilnehmer aus verschiedenen Altersstufen, denn es scheint heute kaum mehr möglich sich der Sogwirkung und der Durchdringung des Alltags durch den Einsatz dieser komplexen Technologien zu entziehen. Aber können wir alle, auch wenn wir Smartphones, tablet-PCs und andere Geräte wie selbstverständlich nutzen, damit auch tatsächlich adäquat und kompetent umgehen? Es scheint eher so zu sein, dass wir uns recht unbedarft in dem bewegen, was man als Surface-Web bezeichnet, wir flanieren durchs *Google*-Land. Hier hinterlassen wir Unmengen von Datenspuren, deren Sichtung, Auswertung und Verknüpfung ungeahnte Möglichkeiten bietet. Noch nie in der Geschichte der Menschheit wurden solch unvorstellbare Mengen an Daten gesammelt wie heute, und noch nie stand eine Technologie zur Verfügung, diese auch zu verknüpfen und zu nutzen. »Big Data« ist keine unüberschaubare Ansammlung von Einzelinformationen mehr, sondern erscheint plötzlich nutzbar und löst eine regelrechte Goldgräberstimmung aus. Wirtschaftsunternehmen können die Gewohnheiten ihrer Kunden präzise bestimmen, Stadt- und Verkehrsplaner Infrastrukturprojekte entwickeln oder Geheimdienste unsere Kommunikationsbeziehungen kontrollieren. Gut, dass diese Technologien erst jetzt kommen, könnte man denken. Es ist leicht vorstellbar, welche Möglichkeiten beispielsweise ein »Shitstorm« den SA-Horden beim Boykott von Juden geboten hätte. Das massive Interesse totalitärer Regime, umfangreiche Erkenntnisse über ihre Bürger zu sammeln und politisch repressiv zu nutzen, ist vielfach belegt. Neu ist, in welchem Umfang und mit welcher Präzision und Geschwindigkeit sensible Informationen durch die neuen Technologien generiert werden können. George Orwells Roman *1984* wirkt vor diesem Hintergrund geradezu harmlos.

Der Einstieg in die Tagung war interessant, weil zwei Arbeitsgruppen junger Leute, in diesem Fall aus einer Real- und einer Gesamtschule, Vertreter also der Generation, die als natives mit den digitalen Medien aufgewachsen ist, den Auftakt machten. Die Schüler der Realschule präsentierten eindrucksvoll selbst verfasste Gedichte, eine kleine szenische Inszenierung und Prosa zum Thema Gewalt und Krieg. Die Jugendlichen aus der Gesamtschule, die überwiegend einen Migrationshintergrund aufwiesen, stellten die Ergebnisse eines Facebook-Projekts vor, das anlässlich der Tagung im Dezember 2012 erstellt und durchgeführt worden war.

Ziel des Facebook-Projekts war es, eine Fanpage einzurichten. Dabei sollten die Anonymität, Internationalität und Kommunikationsströme an erster Stelle stehen.

Die Schülerin Hatice Arslan schreibt dazu in ihrem Beitrag zu diesem Sammelband weiter:

> An zweiter Stelle musste also die Fanpage ein breites Spektrum der facebookuser einschließen. Im Hinblick auf den Syrien-Konflikt war das nicht so einfach, denn seit Beginn der Aufstände wird jeder Beobachter dazu aufgefordert, eine Stellung in diesem Konflikt einzunehmen: Entweder für oder gegen Assad. Die Neutralität zu bewahren, galt hier als unpraktisch. So habe ich beschlossen, meiner Seite den Namen »Like Against Assad« zu geben. Aus dem Titel lässt sich einfach erschließen, welche Position eingenommen wurde.

Angekündigt wurde das Projekt im Internet mit dem folgenden Text:

> Dies ist ein einmaliges Projekt von Schülerinnen und Schülern, die zeigen wollen, wie viele facebookuser gegen das Assad-Regime sind. Das Projekt wird im Rahmen einer Tagung der Volkshochschule Osnabrück ausgewertet. Die Seite beinhaltet weder Post noch Meldungen. Das Projekt wird in einer Woche enden. Unterstütze uns mit deinem Like!

Die in der Tagung vorgestellten Ergebnisse zeigten deutlich, mit welcher Intensität sich soziale Netzwerke für Meinungsbildungsprozesse und die politische Mobilisierung nutzen lassen. Differenziert zeigten die Jugendlichen die Verbreitungsgeschwindigkeit oder die weltweite Verteilung der Likes. Immerhin haben im Zeitraum vom 16. bis zum 23. Dezember 2012 insgesamt 151 Personen die Seite gelinkt. 35.102 Personen haben direkt oder indirekt die Seite gesehen. Innerhalb des relativ kurzen Projektzeitraums wurde die Aktion in 20 Ländern auf allen Kontinenten wahrgenommen.

Welche Bedeutung hat nun grundsätzlich das Schreiben im digitalen Zeitalter? Schreibende, ob Journalisten oder Schriftsteller, und Künstler aus anderen Bereichen nehmen gesellschaftliche Trends und Erschütterungen oft sensibel und wie Seismographen wahr. Sie können wachsam sein und kritisch, sie können technologischen Entwicklungen skeptisch gegenüber stehen und sie trotzdem nutzen. Es entstehen neue Berichts- und Erzählformen, die sich im Internet und in den digitalen Netzwerken schneller und grenzüberschreitender verbreiten, als das in einer analogen Welt jemals möglich war. Handyaufnahmen von Menschenrechtsverletzungen, Solidaritätskampagnen oder Blogs im Web 2.0 finden plötzlich eine weltweite Aufmerksamkeit, die ihnen in der Welt der alten Medien nie oder erst mit großer Verzögerung zuteil geworden wäre.

Die Tagung hat den Versuch unternommen, diese Prozesse zu reflektieren und ein Forum zu schaffen für Schreibende, Kulturschaffende, Netzaktivisten, technisch und politisch Interessierte, Leser und Produzenten, für Jüngere und Ältere, denn die digitale Spaltung (digital divide) betrifft, wie am Beispiel des Projektes der Jugendlichen ausgeführt, auch die Generationen. Neben verschiedenen Formen journalistischer Berichterstattung, Kunst und Literatur – von Romanen bis hin zu Graphic Novels – standen notwendigerweise auch technologische Entwicklungstrends im Mittelpunkt der Tagung.

Es entstanden neue Fragen. Wie werden die digitalen Netzwerke zur Verständigung untereinander genutzt? Demokratisieren sich durch neue technische Möglichkeiten auch das Schreiben und Veröffentlichen? Wie verändern sich Sprache und Aussage durch das Web 2.0? Wie steht es um Copyright und Autorenrechte? Machen neue Formen des Schreibens und Publizierens oder digitale Netzwerke vielleicht Antikriegsliteratur, wie wir sie kennen, im weitesten Sinne überflüssig? Oder erhält gerade das Schreiben gegen Krieg, Unrecht und Gewalt angesichts dieser Entwicklungen neue Ausdrucksmöglichkeiten und ein stärkeres Gewicht?

Die Rasanz des technologischen Wandels warf die Frage nach künftigen technisch-gesellschaftlichen Trends auf. Eingeladen wurden deshalb fachlich ausgewiesene Referentinnen und Referenten, die sich aus unterschiedlichen Blickwinkeln mit den Möglichkeiten und Gefahren unserer zunehmend digitalisierten Welt befassen. Herrschte nach dem Ende der Blockkonfrontation noch die Hoffnung auf den Beginn eines friedlichen Zeitalters, wurden diese Erwartungen bald zerstört. Nicht nur der Jugoslawienkrieg, die Anschläge vom 11. September 2001 und der »war against terror« sondern auch Bürgerkriege in vielen Teilen der Welt liefern dafür schreckliche Beweise. Das Arbeiten für den Frieden – und dazu gehört jede Form des Schreibens gegen Krieg und Gewalt – steht weiterhin oben auf der Agenda!

Ergänzt wurde die Tagung durch die Aufführung des Theaterstücks *Ich wünsch' mir eins* der jungen deutsch-iranischen Autorin Azar Mortazavi. Das Stück, das eine lebhafte Diskussion unter den Teilnehmerinnen und Teilnehmern der Tagung auslöste, zeigt die Vereinsamung von Menschen, die, sich und der Welt fremd geworden, Wunschwelten und Sehnsüchte schaffen, um der Einsamkeit zu entfliehen und einen Ort zu finden, der ihnen die Möglichkeit bieten könnte, anzukommen und ein Leben zu führen. Diese Wunschwelt manifestiert sich für das Mädchen Laila in dem Phantasiewort »Arabien«, einem Wort, das zugleich ihre eigenes Fremdsein und die ferne Herkunft ihres Vaters bezeichnet.

Es ist die Einsamkeit der Menschen, die ein Merkmal unserer Zeit geworden ist, die dieses Drama darstellt. Vor dem Hintergrund der Tagungsthematik war die Auseinandersetzung mit diesem Lebensgefühl eine wichtige Ergänzung, die zugleich eine neue und vertiefende Dimension in der Diskussion um die Auswirkungen der digitalen Medien auf die Lebensweise der Menschen im Zeitalter der alles umfassenden digitalen Medien eröffnete.

Jürgen Rose

Gewissen und moderne Kriegführung
Über den Primat der Politik
und die Grenzen des Gehorsams

The Vietnam experience taught that resistance in the ranks is a potent force for restraining imperial ambitions and ending illegitimate war.[1]

Soldatische Verantwortung im Spannungsfeld von Gewissen und Gehorsam

In Zeiten des *Global War on Terror*, der Interventions-, der Präventiv- und Angriffskriege, von *Cyber War* und massiv ausgeweiteten Drohnenangriffen, in Zeiten eklatanter Völkerrechts- und Kriegsverbrechen, Folterexzesse und der Aushöhlung fundamentaler Menschen- und Bürgerrechte, in Zeiten eines enthemmten Schreibstubenjournalismus, der mit bellizistischen Parolen von »humanitärer Intervention« oder der »Responsibility to Protect« das Urverbrechen des Krieges propagandistisch-legitimatorisch unterfüttert, in solchen Zeiten menschenverachtender und mörderischer militärischer Gewaltanwendung mag der Verdacht aufkeimen, bei dem Terminus »Soldat« handle es sich um ein Akronym, das ausbuchstabiert bedeutet: »Soll ohne langes Denken alles tun«.[2] Zusätzlichen Vorschub leistet einer solchen Perzeption der Umstand, daß seit dem Ende des Ost-West-Konfliktes gerade die in der NATO verbündeten westlichen Demokratien, darunter auch die Bundesrepublik Deutschland, ihre Streitkräfte vielfach für Einsätze mißbraucht haben, die durch völkerrechtliche Mandate entweder nicht hinreichend oder gar nicht abgedeckt waren.[3] Kaum zu überschätzende Relevanz besitzen darüber hinaus die bereits in der Endphase des Kalten Krieges von der

---

1 David Cortright. *Soldiers in Revolt: GI Resistance During the Vietnam War.* Chicago 2005, 279.
2 Vgl. Jürgen Rose. *Ernstfall Angriffskrieg. Frieden schaffen mit aller Gewalt?* Hannover 2009, 172ff.
3 Vgl. Jürgen Rose. »Friedensverrat«. *Ossietzky* (2008), 1, 8–11.

militärischen Führung der Bundeswehr systematisch vorangetriebenen Bestrebungen zur Etablierung eines »neotraditionalistischen Kämpfer-Kultes«, der die Kriegstüchtigkeit der Bundeswehr als Maß aller Dinge definierte. Im Kern erhebt diese Position die Vorstellung vom Soldaten als einem kriegsnah ausgebildeten, allzeit bereiten, selbstlos dienenden und unbedingt gehorchenden Kämpfertypen zur fraglos zu akzeptierenden Norm.[4] Nachgerade idealtypisch hat ein vormaliger Inspekteur des deutschen Heeres, Generalmajor Hans-Otto Budde, das Soldatenbild[5] auf den Punkt gebracht, welches nunmehr unter den Vorzeichen der auf Grundlage enormer waffentechnologischer Überlegenheit vom Atlantischen Kriegsbündnis in Szene gesetzten Durchsetzung der Globalisierung mit militärischen Gewaltmitteln präferiert wird, als er ausführte: »Wir brauchen den archaischen Kämpfer und den, der den High-Tech-Krieg führen kann.«[6] Noch viel unverblümter verdeutlichte ein Kampfgefährte Buddes aus gemeinsamen Fallschirmjägertagen, was dieser wirklich meinte: »Diesen Typus müssen wir uns wohl vorstellen als einen Kolonialkrieger, der fern der Heimat bei dieser Existenz in Gefahr steht, nach eigenen Gesetzen zu handeln.« Denn, so fährt er fort: »Eine ›neue Zeit‹

---

4   Vgl. Johann Adolf Graf von Kielmansegg. »Der Krieg ist der Ernstfall«. *Truppenpraxis* (1991), 3, 304–307; Morgan von Müller. »Wer kämpfen nicht gelernt hat, kann auch nicht kämpfen«. *Truppenpraxis* (1991), 3, 309f.; Jürgen Rose. »Wider den bellizistischen Geist. Eine Entgegnung auf Generalmajor Graf von Kielmansegg«. *Truppenpraxis* (1991), 5, 544–546; Jürgen Rose, Frank Buchholz. *Ernstfall Friede – Ernstfall Krieg? Rekonstruktion eines Diskurses um soldatisches Selbstverständnis und Innere Führung.* Neubiberg 1993 (Texte zur Internationalen Politik 9); Jürgen Rose. »Kämpfer in Uniform«. *Blätter für deutsche und internationale Politik* (2005), 2, 139–142; Jürgen Rose. »Kämpferkult«. *spw – Zeitschrift für Sozialistische Politik und Wirtschaft* (2005), 1, 28–34; Jürgen Rose. »›Demokratie hört nicht am Kasernentor auf‹. Anmerkungen zur Krise der Inneren Führung in der Bundeswehr des 21. Jahrhunderts«. Gerhard Kümmel, Sabine Collmer (Hg.). *Die Bundeswehr heute und morgen. Sicherheitspolitische und militärsoziologische Herausforderungen.* Baden-Baden 2007 (Militär und Sozialwissenschaften 40), 85–99.
5   Vgl. hierzu Jürgen Rose. »Hohelied auf den archaischen Kämpfer. Der ›Staatsbürger in Uniform‹ hat ausgedient. Wie der Inspekteur des deutschen Heeres die Streitkräfte herrlichen Zeiten entgegen führt«. *Freitag – Die Ost-West-Wochenzeitung,* 02.04.2004, 4; Jürgen Rose. »Unter ›alten Kameraden‹ hat der ›Staatsbürger in Uniform‹ ausgedient. Die ›Kampfmotivation‹ scheint wichtiger als die ›Innere Führung‹«. *Forum Pazifismus – Zeitschrift für Theorie und Praxis der Gewaltfreiheit* 2 (2004), 02, 19–21; Jürgen Rose. »Archaische Kämpfer statt Staatsbürger in Uniform? Innere Führung der Bundeswehr auf dem Prüfstand«. Manuskript für *NDR Info Das Forum, »STREITKRÄFTE UND STRATEGIEN«* von Andreas Flocken, 02.05.2004; Jürgen Rose. »Wehrzwang, Folter und Kolonialkrieger. Die Bundeswehr aus der Sicht eines kritischen Offiziers«. *Forum Pazifismus – Zeitschrift für Theorie und Praxis der Gewaltfreiheit* 4 (2004), 4, 15–18.
6   Hans-Otto Budde (Interviewter). Wolfgang Winkel. »Bundeswehr braucht archaische Kämpfer. Hans-Otto Budde soll das Heer in die Zukunft führen – Porträt eines Weggefährten«. *Welt am Sonntag,* 29.02.2004.

in der Militärstrategie und Taktik verlangt natürlich einen Soldatentypen sui generis: Der ›Staatsbürger in Uniform‹ [...] hat ausgedient.«[7]

Ungeachtet solcher für eine demokratische Streitkräftekultur verheerenden Parolen aus reaktionären Generalskreisen hat – die zeitweilig durchaus intensiv geführten öffentlichen Debatten zeigen dies[8] – nicht nur in der Zivilgesellschaft das Problembewußtsein im Hinblick auf die völker- und verfassungsrechtliche Legitimität der in jüngerer Zeit vom Zaun gebrochenen Interventions- und Präventivkriege zugenommen. Wie die erkleckliche Anzahl von Gehorsamsverweigerungen in den Reihen diverser Interventions- und Besatzungsarmeen illustriert, ist auch unter den »Handwerkern des Krieges«,[9] welche die von der politischen Führung erteilten Kampfaufträge ausführen sollen, die Sensibilität dafür gewachsen, daß sowohl die völkerrechtliche Ächtung des Krieges schlechthin als auch dessen in jüngster Zeit nochmals bekräftigte Kriminalisierung im Römischen Statut des Internationalen Strafgerichtshofes gravierende Implikationen sowohl für die rechtlichen als auch für die moralischen Dimensionen soldatischen Handelns bergen.

Die fundamentale Frage, die jeder und jede sich in diesem Spannungsfeld von Gehorsamspflicht, Rechtstreue und Gewissensfreiheit bewegende Militärangehörige individuell für sich beantworten muß, lautet: Wie darf oder soll oder muß ich als prinzipiell dem Primat der Politik unterworfener Soldat handeln, wenn meine politische Leitung und militärische Führung mich in einen Krieg befiehlt, in dem unvermeidlich Menschen getötet und verwundet werden, zumal wenn es sich dabei möglicherweise oder gar offensichtlich um einen Angriffskrieg handelt – stellt letzterer doch ein völkerrechtliches Verbrechen dar – und zwar das schlechthin ultimative, weil es alle anderen Verbrechen in sich birgt und entfesselt.

Für den betroffenen Militärangehörigen existiert keine Möglichkeit, sich dieser existentiell bedeutsamen Problematik zu entziehen. Denn spätestens seit dem Nürnberger Kriegsverbrechertribunal nach dem Zweiten Weltkrieg entfällt der Rekurs auf die übergeordnete politische und militärische Autorität als Exkulpation: Dort wurde nämlich verbindlich festgeschrieben, daß kein Soldat ungesetzliche Befehle ausführen darf. Der rechts- und moralphilosophische Begründungsnexus hierfür basiert auf der von Immanuel Kant[10] formulierten Erkenntnis, daß die Ant-

---

7 Winkel, 29.02.2004.

8 Vgl. hierzu die umfangreiche Dokumentation in Kai Ambos, Jörg Arnold (Hg.). *Der Irak-Krieg und das Völkerrecht.* Berlin 2004 (Juristische Zeitgeschichte 5: Juristisches Zeitgeschehen – Rechtspolitik und Justiz aus zeitgenössischer Perspektive 14); sowie Dieter S. Lutz †, Hans J. Gießmann (Hg.). *Die Stärke des Rechts gegen das Recht des Stärkeren. Politische und rechtliche Einwände gegen eine Rückkehr des Faustrechts in die internationalen Beziehungen.* Baden-Baden 2003 (Demokratie, Sicherheit, Frieden 156).

9 Vgl. Cora Stephan. *Das Handwerk des Krieges. Männer zwischen Mäßigung und Leidenschaft.* Berlin 1998.

10 Immanuel Kant. *Grundlegung zur Metaphysik der Sitten.* Hamburg ³1965.

wort auf die fundamentale Frage nach dem: Was soll ich tun? darin liegt, daß für jegliches menschliche Handeln das je eigene Gewissen den Maßstab bildet und setzt. Für den Umgang mit der soldatischen Verantwortung impliziert dies zwingend die Nichtigkeit des Rückzugs auf erhaltene Befehle zur Legitimation irgendwelchen soldatischen Handelns. Denn indem ein Soldat einen Befehl ausführt, macht er einen fremden Willen zu seinem eigenen und bevor er diesen – seinen eigenen – Willen durch sein Handeln realisiert, muß er dessen Legitimität an seinem eigenen Gewissen prüfen[11].

Die in der Tradition der Aufklärung verwurzelte moderne Rechtsphilosophie fand ihren Niederschlag in den sogenannten Nürnberger Prinzipien[12]. Letztere flossen in der Folge zum einen in unterschiedliche nationale wehrrechtliche Gesetzeswerke[13] ein. Zum anderen wurden sie auch auf völkerrechtlicher Ebene

---

11 Der Vordenker der Inneren Führung Wolf Graf von Baudissin bringt diesen Sachverhalt auf den selben Punkt, wenn er davon spricht, daß die Soldaten die »Pflichten, die ihnen das Gesetz abverlangt, auf ihr eigenes Gewissen zu nehmen« hätten; vgl. Wolf Graf von Baudissin. *Soldat für den Frieden. Entwürfe für eine zeitgemäße Bundeswehr.* München 1969, 311.
Eine solche Vorstellung vom seinem autonomen Gewissen folgenden »Staatsbürger in Uniform« impliziert natürlich, daß in letzter Konsequenz jeder Soldat selbst entscheidet, mit welchen Mitteln und bis zu welchem Zeitpunkt er gegebenenfalls zu kämpfen bereit ist. Mit diesem moralischen Imperativ sind die Funktionsimperative des gesellschaftlichen Subsystems Militär, zumindest in seiner gegenwärtigen Konstitution nicht kompatibel, woraus denn – frei nach Hegel – folgt: umso schlimmer für das Militär.
12 Vgl. hierzu Anonym. *Nuremberg Principles* [http://en.wikipedia.org/wiki/Nuremberg_Principles]. Gregor Schirmer (Hg.). *Die Nürnberger Prinzipien – ein Umbruch im Völkerrecht Bulletin für Faschismus- und Weltkriegsforschung.* Berlin 2006; sowie Herbert R. Reginbogin (Hg.). *Die Nürnberger Prozesse: Völkerstrafrecht seit 1945.* München, 2006.
13 So zum Beispiel in das Soldatengesetz und das Wehrstrafgesetz der Bundesrepublik Deutschland. Dort heißt es in § 10 SG zu den »Pflichten des Vorgesetzten«:
»[...]
(4) Er darf Befehle nur zu dienstlichen Zwecken und nur unter Beachtung der Regeln des Völkerrechts, der Gesetze und der Dienstvorschriften erteilen.
(5) Er trägt für seine Befehle die Verantwortung. Befehle hat er in der den Umständen angemessenen Weise durchzusetzen. [...]«
Weiterhin einschlägig ist »§ 11 Gehorsam«:
»(1) Der Soldat muß seinen Vorgesetzten gehorchen. Er hat ihre Befehle nach besten Kräften vollständig, gewissenhaft und unverzüglich auszuführen. Ungehorsam liegt nicht vor, wenn ein Befehl nicht befolgt wird, der die Menschenwürde verletzt oder der nicht zu dienstlichen Zwecken erteilt worden ist; die irrige Annahme, es handele sich um einen solchen Befehl, befreit den Soldaten nur dann von der Verantwortung, wenn er den Irrtum nicht vermeiden konnte und ihm nach den ihm bekannten Umständen nicht zuzumuten war, sich mit Rechtsbehelfen gegen den Befehl zu wehren.
(2) Ein Befehl darf nicht befolgt werden, wenn dadurch eine Straftat begangen würde. Befolgt der Untergebene den Befehl trotzdem, so trifft ihn eine Schuld nur, wenn er erkennt oder

bekräftigt. So wird im »Verhaltenskodex zu politisch-militärischen Aspekten der Sicherheit«, den die Staats- und Regierungschefs der Teilnehmerstaaten der KSZE im Dezember 1994 in Budapest vereinbarten, stipuliert:

30. Jeder Teilnehmerstaat wird die Angehörigen seiner Streitkräfte mit dem humanitären Völkerrecht und den geltenden Regeln, Übereinkommen und Verpflichtungen für bewaffnete Konflikte vertraut machen und gewährleisten, daß sich die Angehörigen der Streitkräfte der Tatsache bewußt sind, daß sie nach dem innerstaatlichen und dem Völkerrecht für ihre Handlungen individuell verantwortlich sind.

31. Die Teilnehmerstaaten werden gewährleisten, daß die mit Befehlsgewalt ausgestatteten Angehörigen der Streitkräfte diese im Einklang mit dem einschlägigen innerstaatlichen Recht und dem Völkerrecht ausüben und daß ihnen bewußt gemacht wird, daß sie nach diesem Recht für die unrechtmäßige Ausübung ihrer Befehlsgewalt individuell zur Verantwortung gezogen werden können und daß Befehle, die gegen das innerstaatliche Recht und das Völkerrecht verstoßen, nicht erteilt werden. Die Verantwortung der Vorgesetzten entbindet die Untergebenen nicht von ihrer individuellen Verantwortung.[14]

wenn es nach den ihm bekannten Umständen offensichtlich ist, daß dadurch eine Straftat begangen wird.« In Bundesministerium der Verteidigung. Führungsstab der Streitkräfte InfoM (Hg.). *Grundgesetz für die Bundesrepublik Deutschland. Werte und Normen für Soldaten.* Bonn 2003, 112f.
Das Wehrstrafgesetz bietet die Grundlage zur Sanktionierung von Verstößen gegen vorstehende soldatengesetzliche Normierungen. Einschlägig hierfür sind vor allem: § 5 Handeln auf Befehl, § 19 Ungehorsam, § 20 Gehorsamsverweigerung, § 21 Leichtfertiges Nichtbefolgen eines Befehls, § 22 Verbindlichkeit des Befehls, Irrtum, § 32 Mißbrauch der Befehlsbefugnis zu unzulässigen Zwecken, § 33 Verleiten zu einer rechtswidrigen Tat, § 34 Erfolgloses Verleiten zu einer rechtswidrigen Tat; vgl. *Wehrstrafgesetz WStG* vom 30.03.1957, BGBl I 1957, 298, neugefaßt durch Bekanntmachung vom 24.05.1974 I 1213, [http://www.juris.de, 30.10.2007].
Im *Vereinigten Königreich* sind Soldaten verpflichtet, jeden rechtswidrigen Befehl zu verweigern. In *Dänemark* und *Frankreich* müssen Soldaten alle offenkundig rechtswidrigen Befehle verweigern. Darüber hinaus sind sie berechtigt, alle sonstigen rechtswidrigen Befehle nicht zu befolgen. In *Belgien, Luxemburg,* den *Niederlanden, Polen* und *Spanien* müssen wie in *Deutschland* Soldaten alle Befehle verweigern, durch die eine Straftat begangen würde. Während jedoch in den *Niederlanden* ein Soldat sämtliche rechtswidrigen Befehle verweigern darf, sind Soldaten in *Deutschland, Luxemburg* und *Spanien* nur dazu berechtigt, einen engeren Kreis rechtswidriger Befehle zu verweigern. Hierzu gehören insbesondere Befehle, die gegen die Menschenwürde verstoßen; vgl. hierzu Georg Nolte. *Studie Vergleich Europäischer Wehrrechtssysteme, erstellt im Auftrag des Bundesministeriums der Verteidigung.* Unter Mitarbeit von Heike Krüger. Göttingen 2002; sowie Jürgen Groß. *Demokratische Streitkräfte.* Baden-Baden 2005, 93f. Speziell zur Situation des Bundeswehrsoldaten siehe auch Anm. 17.
14 Auswärtiges Amt (Hg.). *Von der KSZE zur OSZE. Grundlagen, Dokumente und Texte zum deutschen Beitrag 1993–1997.* Bonn 1998, 267f.

Dieser über alle Stufen der militärischen Hierarchie hinweg für jeden Soldaten – gleich ob Vorgesetzter oder Untergebener – geltende Rechtssatz individueller Verantwortlichkeit für sein Tun und Lassen wurde und wird von hochrangigen militärischen Führern immer wieder anerkannt und bekräftigt. So postulierte der vormalige Generalinspekteur der Bundeswehr, General Klaus Naumann, in Anlehnung an den tief in der Ideenwelt der Aufklärung und des Protestantismus verwurzelten Militärphilosophen, General und Friedensforscher Wolf Graf von Baudissin gar eine soldatische Pflicht zur Gehorsamsverweigerung, als er in seinem *Generalinspekteursbrief* 1/1994 ausführte:

> In unserem Verständnis von Rechtsstaatlichkeit und Ethik stehen dem Gehorsamsanspruch des Dienstherrn das Recht und die Pflicht zur Gehorsamsverweigerung gegenüber, wo eben diese Rechtsstaatlichkeit und Sittlichkeit mit dem militärischen Auftrag nicht mehr in Einklang stehen, der Soldat damit außerhalb der freiheitlich-demokratischen Rechtsordnung gestellt würde.[15]

Schon zwei Jahre zuvor hatte Generalleutnant Hans Peter von Kirchbach ebenfalls an Kant und Baudissin angeknüpft, als er in der vom Bundesministerium der Verteidigung herausgegebenen Offizierzeitschrift *Truppenpraxis* anmerkte:

> Die Spannung [zwischen Freiheit und Gehorsam] besteht in der Bindung an Befehle einerseits, in der Bindung an ein Wertesystem andererseits. Die Spannung besteht in der Bindung und Treuepflicht an den Staat einerseits und dem Wissen, *daß staatliches Handeln immer nur das Vorletzte sein kann und daß das an ein höheres Wertesystem gebundene Gewissen eine entscheidende Berufungsinstanz sein muß.* Sicher wird der Staat seinen Bürgern normalerweise nicht zumuten, gegen den Rat ihres Gewissens zu handeln. Der Staat der Demokratie wird sich im Gegenteil auf die Werte berufen, in denen das Gewissen gründet. Im Wissen um diese Spannung aber und *im Wissen, nicht jedem Anspruch zur Verfügung zu stehen, besteht letztlich der Unterschied zwischen Soldat und Landsknecht.*[16]

---

15 Klaus Naumann. *Generalinspekteursbrief* 1/1994. Bonn 1994. Der General plagiiert an dieser Stelle ungeniert Wolf Graf von Baudissin, der 1956 in seinen Überlegungen zur *Tradition der Bundeswehr* geschrieben hatte: »Im Verständnis rechtsstaatlicher Ethik stehen dem strengen Anspruch des Befehlenden auf unverzüglichen und gewissenhaften Gehorsam das Recht und die Pflicht zur Gehorsamsverweigerung gegenüber, wo Höheres auf dem Spiele steht. Dadurch wird die soldatische Existenz für sittlich gegründete Menschen erst möglich. Sollte es sich erweisen, daß Sittlichkeit und Rechtsstaatlichkeit mit dem militärischen Sachzweck unvereinbar sind, dann stünden wir vor der erschreckenden Tatsache, daß der Soldat außerhalb der Ordnung steht«, Baudissin, 1969, 107.
16 Hans Peter von Kirchbach. »Offizier im Heer der Einheit«. *Truppenpraxis* (1992); 4, 335; vgl. auch den Leserbrief des Autors zu von Kirchbachs Beitrag in: *Truppenpraxis* (1993), 1, 108f.

Auf Grund dessen kann auch der von Soldaten oft gebetsmühlenhaft reklamierte und dabei völlig mißverstandene Primat der Politik nicht greifen, der sich gemeinhin darin ausdrückt, daß von der Bundesregierung getroffene und vom Parlament abgesegnete Entscheidungen über den Einsatz der Bundeswehr als sakrosankt und nicht hinterfragbar deklariert werden, um damit die unreflektierte Ausführung jeglicher Befehle zu legitimieren. Übersehen wird dabei in aller Regel zweierlei: Erstens, daß weder Bundesregierung noch Bundestag den Status der Unfehlbarkeit besitzen, wie die ständige Rechtssprechung des Bundesverfassungsgerichts beweist, das allzu häufig schon Gesetze und Beschlüsse der anderen Verfassungsorgane als verfassungswidrig zurückweisen mußte. Zweitens aber herrscht völliges Unverständnis darüber, daß der Primat der Politik Gehorsam des Militärs im Handeln gegenüber den Anweisungen des Souveräns überhaupt nur insoweit beanspruchen darf, wie dies mit Recht und Gesetz sowie dem je eigenen Gewissen der Soldaten und Soldatinnen in Einklang zu bringen ist. Bekräftigt haben dies in jüngerer Zeit beispielhaft die deutschen Bischöfe in ihrer unter dem Titel *Soldaten als Diener des Friedens* abgegebenen *Erklärung zur Stellung und Aufgabe der Bundeswehr*, wo es heißt:

> Die Bindung militärischen Handelns an die nationale und internationale Rechtsordnung begrenzt Befehlsgewalt und Gehorsamspflicht der Soldaten. Die Gehorsamspflicht endet dort, wo rechtswidrige Handlungen befohlen werden.[17]

---

17 Sekretariat der Deutschen Bischofskonferenz (Hg.). *Soldaten als Diener des Friedens. Erklärung zur Stellung und Aufgabe der Bundeswehr.* Bonn 2005, 8.
In der Bundeswehr existiert dagegen die juristische Chimäre des rechtswidrigen, aber dennoch verbindlichen Befehls. So heißt es etwa in dem Leitfaden *Hinweise für Rechtsberater und Rechtslehrer – Umgang mit Soldaten und Soldatinnen, die aus Gewissensgründen Befehle nicht befolgen wollen*, einem ressortinternen Arbeitspapier aus der Rechtsabteilung I 5 des Bundesministeriums der Verteidigung vom Dezember 2005, wörtlich: »Nicht jeder rechtswidrige, sondern grundsätzlich nur der mit schweren Mängeln behaftete rechtswidrige Befehl ist unverbindlich.« (6). Geradezu aberwitzige Dimensionen gewinnt diese Vorstellung, wenn ebendort im Hinblick auf das ultimative Verbrechen überhaupt, nämlich das des Angriffskrieges (weil es alle anderen Verbrechen in sich birgt), argumentiert wird: »Selbst wenn der Krieg im Irak, wie behauptet wird, als Angriffskrieg zu werten wäre, hätten sich einzelne Soldaten oder Soldatinnen auf das strafrechtlich verankerte Verbot der Vorbereitung eines Angriffskriegs (§ 80 StGB) als Unverbindlichkeitsgrund weder berufen dürfen noch gar berufen müssen. Diesem Verbot unterfallen nur Soldaten oder Soldatinnen, die als sicherheits- und militärpolitische Berater/Beraterinnen eine herausgehobene Funktion im Regierungsapparat ausüben. Nur sie können auf die politische Willensbildung bei der Entfesselung oder Förderung eines Angriffskriegs überhaupt entsprechenden Einfluss nehmen.« (9). Auf den Punkt gebracht lautet der für die Bundeswehr gültige Irrwitz: Nur dem General ist der Angriffskrieg verboten, der Gefreite aber muß dabei mitmachen.

Dagegen implizierte ein schrankenlos geltender Primat der Politik, soldatisches Handeln ungeachtet der jeweiligen Legalität und Legitimität außen- und sicherheitspolitischer Entscheidungen und ohne Rücksicht auf die individuelle Gewissensentscheidung der Maxime »right or wrong – my parliament« zu unterwerfen. Letzten Endes bleibt der individuelle Soldat demnach zurückgeworfen auf sein autonomes Gewissen. Weder Bundestag noch Bundesregierung noch seine militärischen Vorgesetzten können und dürfen ihm diese notwendige Gewissensentscheidung abnehmen oder qua Gesetz und Befehl oktroyieren, weil Moralentscheidungen prinzipiell vom Individuum zu treffen sind und sich gemäß Kants Kriterien reiner praktischer Vernunft ein Anspruch auf intersubjektiv generalisierte Geltung derselben für Dritte nicht begründen läßt.

Innere Führung und das Leitbild vom gewissenhaften Staatsbürger in Uniform

Daß das Wissen um die Verantwortung des Soldaten im Spannungsfeld von Gewissen und Gehorsam in den Reihen der Bundeswehr durchaus vorhanden ist, belegen die beiden zuvor zitierten Einlassungen der Generäle. Bedeutsam daran ist jenseits ihres vielleicht spektakulär anmutenden Charakters der Umstand, daß diese sich inhaltlich voll und ganz auf dem Boden jener Konzeption der »Inneren Führung« bewegen, die für die Streitkräfte der demokratisch verfaßten Bundesrepublik Deutschland einer ›Verfassung‹ gleich kommt, gleichsam das Grundgesetz für die Bundeswehr bildet, und zugleich oftmals auch als die »Philosophie« rsp. die »Führungsphilosophie« der Streitkräfte apostrophiert wird. Entworfen hatte diese während der Gründungsphase der neuen deutschen Bundeswehr der spätere Generalleutnant Wolf Graf von Baudissin in bewußter Abkehr vom traditionellen Verständnis vom Militär als einer Institution sui generis. Denn wenn Immanuel Kant den Staat als »Versammlung freier Bürger unter Rechtsgesetzen« verstand, so mußte es sich in Analogie hierzu bei der Armee eines solchen Staates um eine Versammlung freier, republikanischer Bürger (und Bürgerinnen) unter Waffen zum Schutze desselben handeln.[18] Es war daher nur zu logisch, daß Wolf Graf von Baudissin den »Staatsbürger in Uniform« ins Zentrum seiner Konzeption von der »Inneren Führung« stellte.[19] Während das Gefüge der deutschen Armeen in der

---

18 Baudissin bringt seine gleichgelagerte Vorstellung 1955 in seinen Ausführungen zum »Leitbild des Soldaten« zum Ausdruck, wo er formuliert: »Zwischen Staatsbürgern, die zum Schutze ihrer Gemeinschaft und für die Erhaltung freiheitlicher Werte miteinander Waffendienst tun, kann kein nach-patriarchalisches oder organisatorisch-totalitäres Verhältnis ungesicherter Unterwerfung herrschen«. Baudissin, 1969, 215.
19 Vgl. Wolf Graf von Baudissin. Referat auf einer Tagung für ehemalige Soldaten in der Evangelischen Akademie Hermannsburg am 03.12.1951. Klaus von Schubert (Hg.). *Sicherheitspolitik der Bundesrepublik Deutschland. Dokumentation 1945–1977*. Teil 2, Bonn 1978, 356.

Vergangenheit darauf beruhte, daß der Soldat mit dem Bürger nichts gemein hatte, sollte der Soldat der Bundeswehr den »Staatsbürger in Uniform« verkörpern. Im Gegensatz zum Soldaten in der Vergangenheit, der sich mit seinem Eintritt in die Truppe anderen Normen und Wertmaßstäben, nämlich in allererster Linie Gehorsam, Mut, Pflichterfüllung und Treue als Tugenden, denen er zu dienen hatte, unterstellte und der als Individuum wenig bis gar nichts galt, sollten dem zivilen Bürger im militärischen Dienst der Bundeswehr seine ihm qua Verfassung verbrieften grundlegenden Menschen- und Bürgerrechte, die er im Ernstfall unter Einsatz seiner Gesundheit und seines Lebens ja verteidigen soll, weiterhin garantiert bleiben.

Ein ganz elementares dieser Grundrechte stellt die verfassungsrechtlich verbriefte Freiheit des Gewissens dar. Im einschlägigen Artikel 4 Absatz 1 des Grundgesetzes heißt es dazu: »Die Freiheit des Glaubens, des Gewissens und die Freiheit des religiösen und weltanschaulichen Bekenntnisses sind unverletzlich.« Für den »Vater der Inneren Führung« bestand selbstredend keinerlei Zweifel daran, daß diese Norm auch für seinen »Staatsbürger in Uniform« im Dienste der Bundeswehr uneingeschränkt gelten mußte: »Soldatische Existenz heißt, in Verantwortung und Gewissenstreue leben«,[20] so Baudissin. Beim Soldaten handelt es sich nach seiner Auffassung unabdingbar um einen Menschen »mit Gewissen und Verantwortung«, denn: »anders kann er sich nicht sehen, ohne sich aufzugeben.«[21] Den uniformierten »Funktionär im militärischen Bereich«, für den der Befehl an die Stelle des Gewissens tritt, bezeichnet er als den »mechanisch-totalitäre[n] Soldat[en]«[22] – auch der Terminus »Befehl-und-Gehorsams-Roboter« träfe wohl durchaus Baudissins Vorstellung. In diametralem Gegensatz zu derartigen Aberrationen beharrt er darauf, daß die Obrigkeit die Gewissensbindung des einzelnen als letzte moralische Grundlage, als conditio sine qua non der Menschenwürde anzuerkennen hat.[23] Dementsprechend durchzieht seine Forderung nach dem »ständig wache[n] Gewissen«[24] des »Staatsbürgers in Uniform« wie ein roter Faden die Schriften und Reden Baudissins.

Diese manch einem mehr praktisch gepolten Militärhandwerker viel zu theoretisch-abstrakt anmutende Konzeption Baudissins vom stets gewissenhaft handelnden Waffenträger fand ihre realpolitisch unerwartet durchschlagende Bestätigung in der ständigen Rechtsprechung des Bundesverwaltungsgerichts,[25] deren

---

20 Baudissin, 1969, 217.
21 Ibid., 252.
22 Ibid., 199.
23 Ibid., 42.
24 Ibid., 306.
25 Vgl. hierzu Bundesverwaltungsgericht (Hg.). *Urteil des 2. Wehrdienstsenats vom 21. Juni 2005 – BVerwG 2 WD 12.04*, Leipzig 2005, 38–46.

Wehrdienstsenate die Letztinstanz in der Wehrgerichtsbarkeit bilden.[26] Daß Soldaten auch im Dienst ein Gewissen haben sowie davon reichlich Gebrauch machen dürfen und es auch keinesfalls bei Betreten der militärischen Liegenschaft an der Kasernenwache abgeben müssen, haben die Bundesverwaltungsrichter zuletzt im Jahre 2005 in einem epochalen Urteil zur Gewissensfreiheit von Soldaten ausdrücklich dargelegt.[27]

Als Ausgangspunkt seiner Beschlußfassung definiert der 2. Wehrdienstsenat des Gerichts zunächst den Gewissensbegriff, wonach

[u]nter Gewissen [...] ein real erfahrbares seelisches Phänomen zu verstehen [ist], dessen Forderungen, Mahnungen und Warnungen für Menschen unmittelbar evidente Gebote unbedingten Sollens sind. Nach der ständigen Rechtsprechung des Bundesverfassungsgerichts ist eine Gewissensentscheidung »jede ernste sittliche, d.h. an den Kategorien von ›Gut‹ und ›Böse‹ orientierte Entscheidung [...], die der Einzelne in einer bestimmten Lage als für sich bindend und unbedingt innerlich verpflichtend erfährt, so dass er gegen sie nicht ohne ernste Gewissensnot handeln könnte.[28]

Die prinzipielle Schwierigkeit besteht nun freilich darin, auf welche Weise sich denn ein auf dem Forum Internum des Subjekts abspielender Gewissenskonflikt einer objektiven richterlichen Überprüfung zugänglich machen läßt. Hierzu lassen die Richter verlauten:

[D]er Gewissensappell als »innere Stimme« des Menschen ist in der äußeren Umwelt nicht unmittelbar wahrnehmbar, sondern kann nur mittelbar [...] erschlossen werden. [...] Deshalb wird im Fachschrifttum [...] und in der Rechtsprechung [...] für eine positive Feststellung [...] der Sache nach eine nach außen tretende, rational mitteilbare und nach dem Kontext intersubjektiv nachvollziehbare Darlegung der Ernsthaftigkeit, Tiefe und Unabdingbarkeit der Gewissensentscheidung gefordert. Dabei bezieht sich die rationale Nachvollziehbarkeit der Darlegung nicht auf die Frage, ob die Gewissensentscheidung selbst etwa als »irrig«, »falsch« oder »richtig« gewertet werden kann [...], sondern allein auf das »Ob«, also auf die hinreichende Wahrscheinlichkeit des Vorhandenseins des Gewissensgebots und seiner Verhaltensursächlichkeit.[29]

26 Vgl. Anonym. *Bundesverwaltungsgericht (Deutschland).* http://de.wikipedia.org/wiki/Bundesverwaltungsgericht_(Deutschland).
27 Vgl. Bundesverwaltungsgericht (Hg.).
28 Ibid., 51.
29 Ibid., 57.

Sodann urteilte das Gericht im vorliegenden Fall einer Gehorsamsverweigerung durch einen Stabsoffizier der Bundeswehr kategorisch: »Im Konflikt zwischen Gewissen und Rechtspflicht ist die Freiheit des Gewissens ›unverletzlich‹.«[30] Folgerichtig gebührt der in Art. 4 Abs. 1 Grundgesetz garantierten Gewissensfreiheit absoluter Vorrang – auch vor der Funktionstüchtigkeit und Einsatzbereitschaft der Bundeswehr. Denn, so der 2. Wehrdienstsenat: »Das Grundgesetz normiert [...] eine Bindung der Streitkräfte an die Grundrechte, nicht jedoch eine Bindung der Grundrechte an die Entscheidungen und Bedarfslagen der Streitkräfte.«[31] Und dies gilt nicht nur im Frieden, sondern »selbst im Verteidigungsfall ist die Bindung der Streitkräfte an die Grundrechte (Art. 1 Abs. 3 GG) sowie an ›Gesetz und Recht‹ (Art. 20 Abs. 3 GG) gerade nicht aufgehoben.«[32] Hierdurch wird dem Soldaten letztlich die Möglichkeit eröffnet, im Zweifelsfall den Gehorsam zu verweigern, und zwar dann, »wenn ihm die Ausführung nach Abwägung aller maßgeblichen Umstände nicht zugemutet werden kann.«[33] In einem solchen Fall ist der von einem Vorgesetzten erteilte militärische Befehl für einen Untergebenen unverbindlich und braucht daher von diesem nicht befolgt zu werden.

Für die Bundeswehr als Parlamentsarmee erweisen sich die Implikationen dieses Leipziger Urteilsspruches als höchst bedeutsam, folgt daraus doch: Der Primat der Politik gilt lediglich innerhalb der Grenzen von Recht und Gesetz, jenseits davon herrscht der Primat des Gewissens.

Was aber heißt das wiederum im Hinblick auf die Rolle und Funktion von Streitkräften sowie für das Selbstverständnis des Soldaten unter den Rahmenbedingungen eines sich ständig verändernden sicherheitspolitischen Umfeldes, das geprägt wird von immer ausgeklügelteren Militärstrategien und immer moderneren Rüstungstechnologien im Rahmen einer nach dem Sieg des Atlantischen Bündnisses im Kalten Krieg betriebenen Politik räumlich wie zeitlich entgrenzter Kriegführung im Rahmen eines ›Weltkrieges gegen den Terror‹, den der ehemalige CIA-Direktor George Tenet in seiner 2007 erschienenen Autobiographie mit den Worten apostrophiert hatte: »Today we must all recognize that the campaign against terrorism will be of unlimited duration,«[34] und zu dem einer seiner Nachfolger im Amt, US-General David H. Petraeus, im privaten Gespräch mit dem US-

---

30 Ibid., 106.
31 Ibid., 112.
32 Ibid., 113. Diesen verfassungsrechtlichen Imperativ hatte das Bundesverwaltungsgericht im übrigen bereits mehrfach im Laufe einer fünfunddreißigjährigen ständigen Rechtsprechung bekräftigt; vgl. Anm. 25.
33 Ibid., 36.
34 George Tenet, Bill Harlow. *At the Center of the Storm. My Years at the CIA.* New York/NY 2007, zit. n. Gerd Portugall. »Buchtipp: Die CIA und der Krieg gegen den Terror«. *Global Observer – Das Internetmagazin für Außen- und Sicherheitspolitik,* 12.12.2011. http://aussen-sicherheitspolitik.de/7158/allgemein/literaturtipps/buchtipp-die-cia-und-der-krieg-gegen-den-terror.

amerikanischen Star-Reporter Bob Woodward ausführt: »You have to recognize also that I don't think you win this war. I think you keep fighting. [...] This is the kind of fight we're in for the rest of our lives and probably our kids' lives.«[35]

Friedensauftrag und moderne Kriegführung

Als Wolf Graf von Baudissin, der eben nicht nur Stabsoffizier in Hitlers Wehrmacht und später General der Bundeswehr, sondern eben auch Friedens- und Konfliktforscher war, und der keineswegs zufällig nach seiner Soldatenlaufbahn als Gründungsdirektor des »Instituts für Friedensforschung und Sicherheitspolitik an der Universität Hamburg« (IFSH) fungierte, 1951 seine Tätigkeit im Amt Blank, der Vorläuferorganisation des Bundesministeriums der Verteidigung aufnahm, ging es ihm »vor allem darum, Strukturen und Verfahren vorzuschlagen, die dem Kriegsverhütungsauftrag von Bündnisstreitkräften im Kernwaffenzeitalter entsprechen.«[36] In Anbetracht dessen war für ihn die Existenzberechtigung von Militär schlechthin untrennbar verknüpft mit dessen strikt defensiver Ausrichtung:

Welches sind nun die Aufgaben der Streitkräfte? Wir haben ernsthaft und redlich umzudenken und uns bewußt zu machen, daß der Soldat in allererster Linie für die Erhaltung des Friedens eintreten soll; denn im Zeitalter des absoluten Krieges mit seinen eigengesetzlichen, alles vernichtenden Kräften gibt es kein politisches Ziel, welches mit kriegerischen Mitteln angestrebt werden darf und kann – außer der Verteidigung gegen einen das Leben und die Freiheit zerstörenden Angriff.[37]

35 Zit. n. Bob Woodward. *Obama's Wars*. New York, London, Toronto, Sydney 2010, 109. Intellektuell weit weniger anspruchsvoll hatte zu diesem Thema sein deutscher Kamerad, der bereits genannte vormalige Heeresinspekteur Hans-Otto Budde, getönt: »Auch wenn wir irgendwann sagen können, die Schlachten in Afghanistan oder woanders sind beendet, wird der Kampf gegen den Terrorismus ewig weiter gehen. [...] Wir sind stark genug, [...] und [...] werden den Krieg gegen diesen Feind gewinnen.« Zit. n. Thomas Warner. »German general visits LRMC, vows to help fight terrorism«. *KaiserslauternAmerican*, 15.12.2006. http://kaiserslauternamerican.com/article.php?i=4967. Mochte sich auch in solcher Halluzination vom Endsieg im ewigen Krieg aus dem Munde des Generals sprachlogischer Schwachsinn manifestieren, so traf doch der Verweis auf die kriegerische Realität den Nagel auf den Kopf.
36 Wolf Graf von Baudissin. »›Die Kriegsbezogenheit der Bundeswehr in Frage stellen‹. Eine ungehaltene Rede. In einer Vortragsreihe wollte Wolf Graf von Baudissin über die Entwicklung in den Streitkräften reden«. *Frankfurter Rundschau*, 17.01.1989, 10.
37 Wolf Graf von Baudissin. Diskussionsbeitrag am 3. Dezember 1951 in Hermannsburg bei einer Tagung für ehemalige Soldaten, in: Bundesministerium der Verteidigung (Hg.). *Zentrale Dienstvorschrift 10/1 »Hilfen für die Innere Führung«*. Bonn 1972, Anhang, Teil II, 6. Vgl. auch Baudissin, 1969, 208.

Ein offensiver Gebrauch von Streitkräfte oder gar ihre Verwendung in aggressiver Manier schied für Baudissin im Rahmen seiner Konzeption der Inneren Führung daher kategorisch aus: »Da der Staatsbürger den Krieg nur als Verteidigung letzter menschlicher, d. h. freiheitlicher Existenz anerkennt, steht für ihn ein Angriffskrieg außerhalb jeder Diskussion.«[38]

Die militärischen Strukturen einer solchermaßen strikt defensiv strukturierten Armee dürfen demzufolge nicht in erster Linie *kriegsnah*, sondern sie müssen zuallererst *friedensadäquat* sein. Bundespräsident Gustav Heinemann hatte diese zwingende Erkenntnis Jahre später auf den Punkt gebracht, als er in seiner Antrittsrede 1969 erklärte:

> Ich sehe als erstes die Verpflichtung, dem Frieden zu dienen. Nicht der Krieg ist der Ernstfall, in dem der Mann sich zu bewähren habe, wie meine Generation in der kaiserlichen Zeit auf den Schulbänken lernte, sondern der Frieden ist der Ernstfall, in dem wir uns alle zu bewähren haben. Hinter dem Frieden gibt es keine Existenz mehr.[39]

Auch Baudissin, der am IFSH unter anderem den Ansatz zur »Kooperativen Rüstungssteuerung« entworfen und sich mit einem möglichen System gegenseitiger kollektiver Sicherheit in Europa beschäftigt hatte, hegte bis zum Ende seiner Tage keinerlei Zweifel daran, »daß angesichts der Verwundbarkeit hochentwickelter Gesellschaften und der zerstörerischen Wirkung selbst der konventionellen Waffen Krieg kein verantwortbares Mittel zwischenstaatlicher Konfliktregelung mehr sein kann« und daß »Kriegsverhütung und Entspannung [...] die Voraussetzung für akzeptable Regelung der unausbleiblichen Konflikte zwischen Staatengruppen [ist], die sich in ihrer Andersartigkeit akzeptieren.«[40] Dementsprechend lautete die Quintessenz seiner Erfahrungen aus dem Ost-West-Konflikt, die er für den »mitverantwortlichen Staatsbürger«, gleich ob mit oder ohne Uniform, zog: »Wir sind in unserer Friedensfähigkeit gefordert, d. h. zur Mithilfe gerufen, den Nicht-Krieg zu einem belastbaren Frieden wachsen zu lassen.«[41]

---

38 Baudissin, 1969, 217.
39 Gustav Heinemann. »Die Demokratie muß unser Lebenselement werden«. *Die Welt*, 02.07.1969, 6; sowie Gustav Heinemann. »Nicht der Krieg ist der Ernstfall«. *Information für die Truppe* (1978), 10, 9.
40 Baudissin, 1989, 10.
41 Wolf Graf von Baudissin. »Bemerkungen zu den Heidelberger Thesen«. Detlef Bald (Hg.). *Europäische Friedenspolitik – Ethische Aufgaben*. Baden-Baden 1990 (Militär und Sozialwissenschaften 5), 33. Zur Friedensbezogenheit als Leitnorm der Inneren Führung vgl. Detlef Bald. »Graf Baudissin und die Reform des deutschen Militärs«. Hilmar Linnenkamp, Dieter S. Lutz (Hg.). *Innere Führung. Zum Gedenken an Wolf Graf von Baudissin*. Baden-Baden 1995, 38ff.
42 Baudissin, 1989, 10.
43 Wolf Graf von Baudissin. »Staatsbürger in Uniform«. Bundesministerium der Verteidigung

Folgerichtig erschien es ihm – was einerseits für einen ehemaligen General vielleicht ein wenig seltsam geklungen haben mag, andererseits aber für die Ernsthaftigkeit des Friedens- und Konfliktforschers sprach – als »ratsam, [die] Kriegsbezogenheit [der Bundeswehr] mehr und mehr in Frage zu stellen [...].«[42] Unmißverständlich hatte er dahingehend schon Jahre zuvor konstatiert: »Die Frage der Kampfmotivation steht im Frieden nicht zur Debatte.«[43] Krieg kann nicht mehr als normales Mittel der Politik gelten, sondern es kann nur noch um die letzte Verteidigung der Existenz gehen. Das Denken in Kategorien der Kriegführungsfähigkeit ist obsolet, entscheidend kommt es auf die Friedenstauglichkeit des Militärs an. An dieser Erkenntnis führt auch unter den Vorzeichen des neuartigen Risikospektrums nach dem Ende des Kalten Krieges kein Weg vorbei.[44] Den militärischen Sieg gegen den internationalen Terrorismus erringen und die Proliferation von Massenvernichtungswaffen mittels Präventivkriegsstrategien eindämmen zu wollen, stellt eine tödliche Illusion dar. Dies gilt erst recht für den seit geraumer Zeit zu beobachtenden Versuch der ökonomischen Kolonialisierung des Planeten mit militärischen Gewaltmitteln, vulgo Globalisierung, welche unter Rädelsführerschaft der USA in Tatgemeinschaft mit jeweils ad hoc gebildeten Koalitionen willfähriger Vasallen stattfindet.

Ein derzeit schlagendes Beispiel dafür, wie hoffnungslos kontraproduktiv sich der Versuch auswirkt, Frieden statt mit immer weniger Waffen mit aller Gewalt schaffen zu wollen, liefert der aus fernab des Kriegsschauplatzes in den USA gelegenen, unangreifbaren Gefechtsständen gesteuerte, feige und verheerende Drohnenkrieg,[45] den gemäß seiner Ankündigung vom Dezember 2009 der in Oslo zum

---

Fü S I 3 (Hg.). Bonn 1987 (Schriftenreihe Innere Führung, Beiheft 1/87 zur *Information für die Truppe*), 98.

44 Vgl. Dieter S. Lutz. »Graf Baudissin – Reformer, Wissenschaftler, Hochschullehrer. Zum Gedenken an den Gründungsdirektor des IFSH«. Linnenkamp/Lutz (Hg.), 14.

45 Vgl. Anonym. »History of unmanned aerial vehicles«. *Wikipedia, the free encyclopedia*. http://en.wikipedia.org/wiki/History_of_unmanned_aerial_vehicles; Anonym. »Drohnenangriffe in Pakistan«. *Wikipedia, die freie Enzyklopädie*. http://de.wikipedia.org/wiki/Drohnenangriffe_in_Pakistan; Anonym. »Drone attacks in Pakistan«. *Wikipedia, the free encyclopedia*. http://en.wikipedia.org/wiki/Drone_attacks_in_Pakistan; International Human Rights and Conflict Resolution Clinic (Stanford Law School) and Global Justice Clinic (NYU School Of Law) (Hg.). *Living Under Drones: Death, Injury, and Trauma to Civilians from US Drone Practices in Pakistan*. Stanford, New York September 2012. http://livingunderdrones.org/; United Nations, General Assembly, Human Rights Council (Hg.). *Report of the Special Rapporteur on extrajudicial, summary or arbitrary executions*, Philip Alston, A/HRC/14/24/Add. 6, 28.05.2010; United Nations, General Assembly, Human Rights Council (Hg.). *Report of the Special Rapporteur on extrajudicial, summary or arbitrary executions*, Christof Heyns, A/HRC/20/22/Add. 3, 3003.2012; Clive Stafford Smith. »Drones: the west's new terror campaign. The CIA's Predator drones are bringing to Pakistan the same horror that Hitler's doo-

Friedensfürsten gekürte US-Präsident Barack H. Obama vornehmlich durch die »Special Activities Division« seines Geheimdiensts CIA mit stetig gesteigerter In-

dlebugs inflicted on London«. The Guardian, 25.09.2012. http://www.guardian.co.uk/commentisfree/2012/sep/25/drones-wests-terror-weapons-doodlebugs-1; Horst Bacia. »Und die Piloten sitzen in Langley. Weit mehr als tausend Extremisten und Unbeteiligte sollen durch amerikanische Drohnen in den Stammesgebieten von Pakistan getötet worden sein. Nicht nur das Pentagon, vor allem die CIA setzt auf die ferngesteuerten Waffen«. *Frankfurter Allgemeine Zeitung*, 12.10.2010. http://www.faz.net/aktuell/politik/ausland/drohnenangriffe-und-die-piloten-sitzen-in-langley-11055411.html; Dietmar Dath. »Wie Technik die Welt zum Schlechteren wendet. Schwärme tödlicher Maschinen mit messerscharfen Sinnen entfesseln einen Weltkrieg. Der Technothriller ›Kill Decision‹ von Daniel Suarez ist eine exemplarische Spitzenleistung eines kaum analysierten Genres. Übertreibung braucht er kaum«. *Frankfurter Allgemeine Zeitung*, 21.07.2012. http://www.faz.net/aktuell/feuilleton/buecher/thriller-kill-decision-von-daniel-suarez-wie-technik-die-welt-zum-schlechteren-wendet-11826693.html; Frank Rieger. »Das Gesicht unserer Gegner von morgen. Wir stehen vor einem Wettrüsten für einen Krieg autonomer Roboter. Noch entscheiden Menschen und nicht Drohnen über Leben und Tod. Doch die Debatte darüber, was Maschinen können sollen, muss geführt werden, bevor der Fortschritt den letzten Rest Humanität kassiert«. *Frankfurter Allgemeine Zeitung*, 20.09.2012. http://www.faz.net/aktuell/feuilleton/debatten/krieg-mit-drohnen-das-gesicht-unserer-gegner-von-morgen-11897252.html; Frank Rieger (Interviewer). »Schwärme von Tötungsmaschinen. Er will vor den gefährlichen Auswirkungen autonomen Drohnen auf die demokratischen Institutionen warnen: Der Autor und Programmierer Daniel Suarez über sein Buch ›Kill Decision‹«. *Frankfurter Allgemeine Zeitung*, 22.09.2012. http://www.faz.net/aktuell/feuilleton/debatten/digitales-denken/daniel-suarez-im-gespraech-schwaerme-von-toetungsmaschinen-11897282.html; Martin Klingst. »Die Qualen der Schreibtischtöter. Traumatisierte Kämpfer, die nie ein Schlachtfeld betreten haben – was der Drohnenkrieg mit den Soldaten macht«. *Die Zeit*, 06.12.2012, 2. http://www.zeit.de/2012/50/Drohnenpilot-Trauma-PTBS. Han Byung-Chul. »Clausewitz im Drohnenkrieg. Kampfroboter als moralisches Problem: Wo kein Soldat sein Leben riskiert, wird Krieg zum Terror«. *Die Zeit*, 15.11.2012, 60. http://www.zeit.de/2012/47/Drohnenkrieg-Kampfroboter-Terror/komplettansicht.
Speziell zur Frage der Ausrüstung der Bundeswehr mit Drohnen siehe Anonym (Lt.). »›Drohnen müssen bewaffnet sein‹. Luftwaffeninspekteur: Unbemannte Fluggeräte kaufen«. *Frankfurter Allgemeine Zeitung*, 30.08.2012, 5. http://www.faz.net/frankfurter-allgemeine-zeitung/drohnen-muessen-bewaffnet-sein-11873558.html; Florian Rötzer, Steffen Kraft. »Wie Deutschland lernt, die Drohne zu lieben. Aufrüstung. Ein geheimer Bericht der Bundesregierung zeigt: Unbemannte Flugzeuge nehmen längst auch uns ins Visier. Die Details werden am Parlament vorbei geregelt«. *der Freitag*, 06.06.2012, 6. http://www.freitag.de/autoren/der-freitag/die-dunkle-bedrohung; (afp). »Königshaus befürwortet Kauf von Drohnen. Drohnen sind die Waffen der Zukunft. Da will auch die Bundeswehr nicht hinterher sein. Der Wehrbeauftragte Hellmut Königshaus wirbt für die Anschaffung von bewaffneten Drohnen«. *Frankfurter Rundschau*, 24.09.2012. http://www.fr-online.de/politik/bundeswehr-koenigshaus-befuerwortet-kauf-von-drohnen,1472596,17899668.html, Peter Blechschmidt. »Was die Bundeswehr mit bewaffneten Drohnen plant. Es ist völkerrechtlich umstritten, bewahrt Soldaten aber vor Risiken für Leib und Leben: Die Vereinigten Staaten nutzen schon seit langem unbemannte Flugzeuge, um in Afghanistan, Pakistan oder Somalia Terroristen aus-

tensität fortführen läßt[46] und dem unbeteiligte Zivilisten in großer Zahl zum Opfer fallen[47]. Da für den Einsatz der unbemannten Flugkörper primär der Geheimdienst und nicht das Militär zuständig ist, unterliegen die Angriffe realiter keiner öffentlichen Kontrolle und Rechenschaft.[48] Bereits im Oktober 2009 monierte deshalb Philip Alston, der durch den UN-Flüchtlingshochkommissar mit einer Untersuchung beauftragt war, diesbezüglich: »The Central Intelligence Agency is running a programme that is killing a significant number of people, and there is

zuschalten. Auch die Bundeswehr verfügt über Drohnen bisher aber nur unbewaffnete. Das soll sich ändern – Verteidigungsminister de Maizière macht Druck«. *Süddeutsche Zeitung,* 24.09.2012.   http://www.sueddeutsche.de/politik/mehr-als-gefahren-aufklaerung-bundeswehr-will-bewaffnete-drohnen-kaufen-1.1476829. Jutta Weber. »Das kommt von ganz oben. Sicherheit. Die Bundeswehr will bewaffnete Drohnen kaufen. Ihr Nutzen ist fraglich, ihre Kollateralschäden nicht«. *der Freitag,* 22.11.2012, 8. http://www.freitag.de/autoren/der-freitag/das-kommt-von-ganz-oben; Jochen Bittner, Ulrich Ladurner. »Die Waffe der Überflieger. Der Präsident hakt das Ziel ab, der Pilot am Bildschirm drückt auf den Knopf. Nun will auch die Bundeswehr Kampfdrohnen einsetzen. Wie fliegende Automaten die Kriegführung verändern«. *Die Zeit,* 06.12.2012, 2f. http://www.zeit.de/2012/50/KriegsfuehrungDrohnen/komplettansicht; Constanze Kurz. »Tod durch fliegende Augen. Predator, Reaper: Das sind Namen für Luftroboter, die zwar noch nicht denken, aber alles mitkriegen und jeden töten können. Auch die Bundeswehr gehört inzwischen zu den Abnehmern«. *Frankfurter Allgemeine Zeitung,* 27.10.2011. http://www.faz.net/aktuell/feuilleton/aus-dem-maschinenraum/aus-dem-maschinenraum-tod-durch-fliegende-augen-11508438.html.

46 Siehe Anonym. »Drone attacks in Pakistan«. *Wikipedia, the free encyclopedia.* http://en.wikipedia.org/wiki/Drone_attacks_in_Pakistan; Jo Becker, Scott Shane. »Secret ›Kill List‹ Proves a Test of Obama's Principles and Will«. *The New York Times,* 29.05.2012. http://www.nytimes.com/2012/05/29/world/obamas-leadership-in-war-on-al-qaeda.html; Konrad Ege. »Der Präsident bittet zum ›Terror-Dienstag‹. USA. In wöchentlichen Meetings entscheidet Barack Obama, welche Al-Qaida-Mitglieder auf die Todesliste kommen«. *der Freitag,* 06.06.2012, 9. http://www.freitag.de/autoren/der-freitag/der-white-house-terminator; Matthias Rüb. »Lizenz zum Töten. Amerikas Präsident hat den Kampf mit Drohnen nicht nur von seinem Amtsvorgänger übernommen. Er hat ihn ausgeweitet. Aus dem Friedensnobelpreisträger ist ein Krieger geworden«. *Frankfurter Allgemeine Sonntagszeitung,* 04.08.2012. http://www.faz.net/aktuell/politik/ausland/obamas-drohnenkrieg-lizenz-zum-toeten-11843805.html.

47 Vgl. Peter Bergen, Katherine Tiedemann. »The Year of the Drone. An Analysis of U.S. Drone Strikes in Pakistan, 2004–2010«. *New America Foundation Counterterrorism Strategy Initiative Policy Paper.* Washington, DC, 24.02.2010, 3. http://www.Newamerica.net; Peter Grier. »Drone aircraft in a stepped-up war in Afghanistan and Pakistan«. *The Christian Science Monitor,* 11.12.2009. http://www.csmonitor.com/USA/Military/2009/1211/Drone-aircraft-in-a-stepped-up-war-in-Afghanistan-and-Pakistan; Anonymous. »Afghan president demands an end to air raids on Taliban amid claims of 130 civilian deaths. US accused of using white phosphorous in raids«. *Global Research,* 12.05.2009. http://www.globalresearch.ca/index.php?context=va&aid=13579.

48 Im Mai 2013 äußerte der US-Präsident in einer Grundsatzrede Überlegungen, die Zuständigkeit für den Einsatz von Kampfdrohnen eventuell von der CIA an das Pentagon übergeben

absolutely no accountability in terms of the relevant international laws.«[49] Die angesehene US-Strafrechtsprofessorin Marjorie Cohn konstatierte hinsichtlich der Drohnenangriffe: »Vorsätzliche oder politische Morde finden auf Anordnung oder mit Billigung einer Regierung außerhalb jedes gerichtlichen Verfahrens statt.«[50] Dies verletze sowohl die Charta der UN als auch die Genfer Konventionen, die absichtliche Tötungen verbieten. So habe die UNO ausdrücklich erklärt: »Exekutionen ohne Gerichtsurteil sind unter keinen Umständen gerechtfertigt, auch nicht in Kriegszeiten.«[51] Vorsätzliches Töten, so die Rechtsexpertin, sei ein Kriegsverbrechen, das auch nach dem »US War Crime Act« bestraft werden müsse.

Angesichts einer politischen Praxis, die den Eindruck erweckt, der Maxime zu folgen, daß zum einen zur Bekämpfung des Privatterrorismus islamistischer Extremisten der Staatsterrorismus geheimdienstlicher und militärischer Gewaltapparate ein adäquates Instrument liefert und daß zum anderen kriminelle Diktatoren allüberall zweckdienlicherweise auch mittels völkerrechtsverbrecherischer Angriffskriege aus dem Amt gebombt werden könnten,[52] kann es schwerlich über-

zu wollen; vgl. hierzu Barack H. Obama. »Remarks by the President at the National Defense University, National Defense University, Fort McNair, Washington, D.C., May 23, 2013«. http://www.whitehouse.gov/the-press-office/2013/05/23/remarks-president-national-defense-university; sowie als/Reuters. »CIA soll Drohnenangriffe angeblich ans Pentagon übergeben. Barack Obama reagiert offenbar auf die massive Kritik an den Drohneneinsätzen und die mangelnde Transparenz der Regierungsarbeit: Die umstrittenen Attacken der unbemannten Killer sollen angeblich künftig statt von der CIA nur noch vom Verteidigungsministerium gesteuert werden«. *Spiegel Online*, 21.05.2013. http://www.spiegel.de/politik/ausland/cia-soll-drohnenangriffe-angeblich-ans-pentagon-uebergeben-a-900881.html.

49 Zit. n. Bissera Kostova. »Special Rapporteur on extrajudicial killings questions US use of drones«. *United Nations Radio*. 27.10.2009. http://www.unmultimedia.org/radio/english/detail/84609.html.

50 Zit. n. Horst Schäfer. »Es ist Mord, Mr. President«. *Ossietzky* (2010), 3, 85. http://www.sopos.org/aufsaetze/4b752b2b47303/1.phtml.

51 Ibid.

52 Nachgerade paradigmatisch hierfür steht der stets am Rande des Straftatbestandes § 80a StGB (s.u.) entlang zu Interventionskriegen hetzende sogenannte »Philosoph« und Friedensverräter Bernard-Henri Lévy; vgl. hierzu u.a. Nils Minkmar. »Bernard-Henri Lévy: Der Resolutionsführer. Welcher Intellektuelle kann schon von sich sagen, einen Beschluss des Sicherheitsrats der Vereinten Nationen herbeigeführt zu haben? Bernard-Henri Lévy kann es. Wie er seinen politischen Gegenspieler Nicolas Sarkozy mit aller Macht zum Eingreifen in Libyen brachte«. *Frankfurter Allgemeine Sonntagszeitung*, 20.03.2011. http://www.faz.net/aktuell/politik/arabische-welt/bernard-henri-levy-der-resolutionsfuehrer-1605388.html; Alex Lantier. »Bernard-Henri Lévy fordert Bombardierung Libyens aus ›humanitären‹ Gründen«. *World Socialist Web Site*, 30.03.2011. http://www.wsws.org/de/articles/2011/mar2011/levy-m30.shtml; Gero von Randow. »›Westerwelle feuern‹. Der Philosoph Bernard-Henri Lévy über Bomben gegen Gadhafi und den deutschen ›Populärpazifismus‹«. *Die Zeit*, 31.03.2011. http://www.zeit.de/2011/14/PhilosophLevyInterview/komplettansicht; Bernard-

raschen, daß Soldaten oder Soldatinnen unter der ihnen eingetrichterten Prämisse, daß sowohl die Ausübung der Befehlsgewalt als auch das bloße Ausführen empfangener Befehle strikt an das geltende innerstaatliche Recht einerseits, das Völkerrecht andererseits gebunden sein sollten, sich plötzlich von Fall zu Fall weigerten, an militärischen Aktionen teilzunehmen, wenn diese erkennbar völkerrechtswidrig oder auch nur völkerrechtlich zweifelhaft und umstritten waren. Eine zunächst nicht erahnte Brisanz gewann das Phänomen der Gehorsamsverweigerung, als nicht nur in der deutschen Bundeswehr,[53] sondern auch in der U.S.

Henri Lévy. »Vorsicht, ihr Berufspazifisten! Der Mord am Militärchef der libyschen Rebellen kann kein Anlass sein, die Bewegung zu diskreditieren«. *Die Zeit*, 04.08.2011. http://www. zeit.de/2011/32/MordMilitaerchefJunis/komplettansicht; Stefan Ulrich. »Philosoph schreibt Kriegsgeschichte. Seine Uniform war der Designeranzug: Der linke Philosoph Bernard-Henri Lévy ist in Libyen zum Feldherrn geworden, mit moralischem Impetus trieb er den Westen in den Krieg gegen Gaddafi. In einem Buch erklärt er seine wunderliche Verbrüderung mit Präsident Sarkozy und beschreibt, wie Frankreich die libyschen Rebellen in großem Stil mit Waffen versorgte«. *Süddeutsche Zeitung*, 09.11.2011. http://www.sueddeutsche.de/politik/ bernard-henri-levy-ueber-libyen-philosoph-schreibt-kriegsgeschichte-1.1184110; Rudolf Balmer. »Bernard-Henri Lévy: Mahner gegen die Despoten. Auf der Visitenkarte seiner ethischen Interventionen stehen Bosnien, Kosovo, Darfur, Georgien, Tibet und zuletzt Libyen. Nun nimmt sich Bernard-Henri Lévy Syrien vor«. *taz*, 30.05.2012. http://www.taz.de/!94343/; Bernard-Henri Lévy. »›Die Sache ist gerecht‹. Muss der Westen in Syrien intervenieren? Der Philosoph Bernard-Henri Lévy sagt: Ja«. *Die Zeit*, 16.08.2012. http://www.zeit.de/2012/34/ Syrien/komplettansicht; Bernard-Henri Lévy. »Entscheidung in der Luft. Der Westen muss in Syrien eingreifen – um das Morden zu beenden und um politisches Chaos zu verhindern«. *Die Zeit*, 13.12.2012. http://www.zeit.de/2012/51/SyrienIntervention/komplettansicht. Die einschlägige Norm im deutschen Strafgesetzbuch (StGB) lautet: »Erster Titel Friedensverrat: StGB § 80a Aufstacheln zum Angriffskrieg: Wer im räumlichen Geltungsbereich dieses Gesetzes öffentlich, in einer Versammlung oder durch Verbreiten von Schriften (§ 11 Abs. 3) zum Angriffskrieg (§ 80) aufstachelt, wird mit Freiheitsstrafe von drei Monaten bis zu fünf Jahren bestraft.«

53 So weigerte sich bereits 1999 während des völkerrechtswidrigen Luftkriegs der NATO gegen die Bundesrepublik Jugoslawien ein gutes Dutzend Luftwaffenpiloten, mit ihren ECR-TOR-NADOS die ihnen befohlenen Luftangriffsmissionen zu »Unterdrückung der gegnerischen Luftabwehr«, wie es im einschlägigen Militärjargon heißt, zu fliegen. Der Vorgang blieb damals weitgehend unbeachtet, da es mit den Luftwaffenpiloten zu einer stillschweigenden Einigung kam – hauptsächlich wohl deshalb, weil der Bundesregierung an einem medienwirksamen Prozeß durch alle Instanzen bis möglicherweise vor das Bundesverfassungsgericht oder den Europäischen Gerichtshof nicht gelegen sein konnte. Zu den Verweigerungsfällen in der Bundeswehr vgl. Rose, 2009, 132–194; Jürgen Rose. »Situationsbezogene Kriegsdienstverweigerung und Gehorsamsverweigerung in der Bundeswehr«. *W&F – Wissenschaft und Frieden* (2008), 2, Dossier Nr. 57 »Gewissen statt Gehorsam«, 7–11; Jürgen Rose. »Und sie verweigern doch! Mehr als ein Einziger. Seit die Bundeswehr an Interventionseinsätzen teilnimmt, sind bereits mehrfach Soldaten ihrem Gewissen gefolgt – Replik zu Andreas Zumach im ›Freitag‹ 02/08«. *Freitag – Die Ost-West-Wochenzeitung*, 01.02.2008, 4;

Army,[54] den britischen Streitkräften[55] und in den »Israel Defense Forces (IDF)«[56] Soldaten und Soldatinnen beschlossen, lieber ihrem Gewissen und Diensteid zu

Jürgen Rose. »Primat des Gewissens, Grenzen des Gehorsams. Laudatio für Florian Pfaff, Major der Bundeswehr, anläßlich der öffentlichen Verleihung der Carl-von-Ossietzky-Medaille durch die ›Internationale Liga für Menschenrechte‹ am 10. Dezember in Berlin«. *junge Welt*, 14.12.2006, 10f.; Jürgen Rose. »Gewissensfreiheit statt Kadavergehorsam. Freispruch für Bundeswehroffizier«. *W&F – Wissenschaft und Frieden* (2006), 1, 44–47; Jürgen Rose. »Primat des Gewissens. Das Bundesverwaltungsgericht bricht eine Lanze für den gewissenhaften ›Staatsbürger in Uniform‹«. *Forum Pazifismus – Zeitschrift für Theorie und Praxis der Gewaltfreiheit* 3 (2005), 07, 14–16; Jürgen Rose. »Gewissensnöte – Bundeswehr-Soldaten, die sich Auslandseinsätzen verweigern«. Manuskript für *NDR Info Das Forum*, »STREITKRÄFTE UND STRATEGIEN« von Andreas Flocken, 10.07.2004, 11-15; sowie Jürgen Rose. »Gehorsam bis zum Hindukusch? Das Grundgesetz verbietet die Vorbereitung von Angriffskriegen. Trotzdem wird ein Bundeswehrsoldat, der sich weigert mitzumachen, degradiert«. *S+F Sicherheit und Frieden – Security and Peace* (2004), 3, 134–135.

54 Vgl. Jürgen Rose. 2009, 187–189; Jürgen Rose. »›Sagt Nein!‹ Gehorsamsverweigerung im EU- und NATO-Umfeld«. *W&F – Wissenschaft und Frieden* (2008), 3, 42–46; Manuel Ladiges. »Irakkonflikt und Gewissenskonflikte«. *Wissenschaft & Sicherheit online – Texte des Bundesverbands Sicherheitspolitik an Hochschulen*, 22.03.2007. http://www.sicherheitspolitik.de; Elsa Rassbach. »Den Widerstand gegen Krieg innerhalb der US-Armee stärken!«. *ZivilCourage* (2008), 1, 4; Stefan Steinberg. »Irakkriegsverweigerer in Deutschland verurteilt. Immer mehr US-Soldaten verweigern Dienst im Irak«. *World Socialist Web Site*, 13.03.2007. http://www.wsws.org/de/2007/mar2007/irak-m13.shtml; sowie *Rudi Friedrich*. »US-Kriegsdienstverweigerer und -verweigerinnen«. *Rundbrief »KDV im Krieg«* (2007), 1, 11f. Eine nach unterschiedlichen Motivationsgründen differenzierte, aber unvollständige Liste von Irak-Kriegsdienstverweigerern findet sich unter Anonym. »List of Iraq War resisters«. http://en.wikipedia.org/wiki/List_of_Iraq_War_Resisters.
Die Mehrheit derer, die es ablehnten in den Irak-Krieg zu ziehen, bilden die klassischen Kriegsdienstverweigerer aus Gewissensgründen, von denen hierzulande der im Dezember 2007 mit dem Stuttgarter Friedenspreis ausgezeichnete US-Sanitätsgefreite Agustín Aguayo den höchsten Bekanntheitsgrad erreicht haben dürfte. So wie er haben u.a . auch Aidan Delgado, Camilo Mejía, David Bunt, Diedra Cobb, Jeremy Hinzman, Katherine Jashinski, Kevin Benderman, Pablo Paredes, Perry O'Brien, Ricky Clousing, Stephen Funk sich auf ihr Gewissen berufen, als sie den weiteren Dienst im US-Militär verweigerten. Weitere, zum Teil umfangreiche Listen sogenannter »Iraq War Resisters« finden sich unter Anonym. »U.S. War Heroes of the Iraq War – War Resisters from within the Military«. http://www.tomjoad.org/WarHeroes.htm sowie *UnitedforPeace.org (Hg.)*: Iraq War Resisters, http://www.unitedforpeace.org/article.php?id=3455.
Eine quantitativ nicht unerhebliche Gruppe von Kriegsdienstverweigerern konstituiert die kontinuierlich steigende Zahl von Deserteuren; vgl. hierzu Bill Nichols. »8,000 desert during Iraq war«. *USA Today*, 07.03.2006. http://www.usatoday.com/news/washington/2006-03-07-deserters_x.htm; Andrew Buncombe. »Desertion huge problem for US in Iraq war«. *The New Zealand Herald*, 23.05.2005. http://www.nzherald.co.nz/section/2/story.cfm?c_id=2&objectid=10126890.

folgen, statt bedenkenlos Befehle von Vorgesetzten auszuführen, die sie für unvereinbar mit Verfassungs- und Völkerrechtsnormen hielten. Empirisch nehmen solche Verweigerungen unterschiedliche Formen an, die von der unerlaubten zeit-

Zur der erheblich kleineren Gruppe der Soldaten, welche die Illegalität des Angriffskrieges gegen den Irak als Grund dafür angaben, den Gehorsam gegenüber ihnen in diesem Kontext erteilten Befehlen zu verweigern, zählen neben Ehren K. Watada u. a. Blake LeMoine, Brandon Peay, Kyle Snyder sowie Wilfredo Torres; vgl. zu letzteren auch Rudi Friedrich. »Kriegsdienstverweigerung und Asyl im Irakkrieg«. *Rundbrief »KDV im Krieg«* (2006), 4, 15–16; sowie Anonym. »Einmal US-Soldat, immer US-Soldat. GI will aus der US-Armee aussteigen, darf aber nicht. Vor Gericht spricht er von ›sklavereiähnlichen Verhältnissen‹«. *taz*, 29.03.2005, http://www.connection-ev.de/Presse/taz_29-03.05.html. Speziell zur Person von Blake LeMoine siehe http://en.wikipedia.org/wiki/Blake_Lemoine.
Speziell zum Fall des First Lieutenant's Ehren K. Watada vgl. Anonym. »Ehren Watada«. *Wikipedia, the free encyclopedia.* http://de.wikipedia.org/wiki/Ehren_Watada; Jeremy Brecher, Brendan Smith. »»Meine moralische und legale Verpflichtung gilt gegenüber der Verfassung und nicht gegenüber jenen, die gesetzeswidrige Befehle herausgeben‹. Lieutenant Watadas Nein zu illegalen Kriegen«. *Zeit-Fragen*, 10.07.2006, 6; Jeremy Brecher, Brendan Smith. »Will the Watada Mistrial Spark an End to the War?«. *The Nation*, 10.02.2007. http://www.zmag.org/content/print_article.cfm?itemID=12088&sectionID=51; Olaf Standke. »Der Fall Ehren Watada. Erstmals steht ein USA-Offizier vor Gericht, weil er nicht nach Irak will«. *Neues Deutschland*, 06.02.2007. http://www.nd-online.de/funkprint.asp?AID=104659&IDC =2&DB=, (AFP). »Er verweigert Marschbefehl in den Irak. First Lieutenant Ehren Watada kann es mit seinem Gewissen nicht vereinbaren, in diesen Krieg zu ziehen. Er riskiert damit eine hoffnungsvolle Karriere«. *Abendblatt*, 07.02.2007, http://www.abendblatt.de/daten/2007/02/07/683973.html.
Zum Verlauf des Militärgerichtsverfahrens um Watadas Gehorsamsverweigerung vgl. *United States District Court, Western District of Washington at Tacoma*: Case No. C07-5549bhs – Order Issuing Preliminary Injunction over Court Martial Proceeding Pending Outcome of Habeas Corpus Petition, Document 18, Filed 11/08/2007. http://www.truthout.org/pdf/5.111007.watada.preliminaryinjunction.pdf; Bill Simpich, Scott Galindez. »Opening Statements and Prosecution Blunders«. *truthout, Report*, 07.02.2007. http://www.truthout.org/docs_2006/020607watada.shtml; Bill Simpich. »An Act Of Conscience. Big Win for Watada: A Study in Courage and Honor«. *truthout, Perspective*, 11.11.2007. http://www.truthout.org/docs_2006/111107A.shtml; Michael Gilbert. »Second Watada trial blocked«. *The news tribune.* http://www.thenewstribune.com/news/local/story/199364.html; sowie Jeremy Brecher, Brendan Smith. »Watada's Double Jeopardy«. *The Nation*, 12.10.2007.
55 Vgl. *Rose*, 2009, 190ff.; *Rose*, »Sagt Nein!«, 2008, 42–46; Ladiges, a.a.O.; Jefferson Morley. »Are British Soldiers Deserting Iraq?«. *washingtonpost.com*, 31.05.2006. http://blog.washingtonpost.com/worldopinionroundup/2006/05/are_british_soldiers_deserting_1.html; Anonym. »Mindestens 1.000 britische Soldaten desertierten, BBC News vom 28. Mai 2006«. *Rundbrief »KDV im Krieg«* (2006), 4, 18f.
Speziell zum Fall des Flight Lieutenant's Dr. Malcolm Kendall-Smith vgl. Anonym. »Malcolm Kendall-Smith«. *Wikipedia, the free encyclopedia.* http://en.wikipedia.org/wiki/Malcolm_Kendall-Smith, Anonym. »Profile of Iraq protest officer. Flight Lieutenant Dr Malcolm Kendall-Smith has been described as an intense and thoughtful individual with a ›very

weiligen Entfernung von der Truppe (AWOL), über die dauerhafte Desertion oder die punktuelle rsp. situative Gehorsamsverweigerung im Hinblick auf einzelne Befehle bis hin zur grundsätzlichen Verweigerung des Kriegsdienstes aus Gewissens-

informed conscience'«. *BBC NEWS*, 13.04.2006. http://news.bbc.co.uk/go/pr/fr/-/2/hi/uk_ news/4906496.stm; Pit Wuhrer. »Lieutenant Kendall-Smith und die Kabelschneider. Grossbritannien. Die Friedensbewegung hat zwar an Einfluss verloren, ist aber weiterhin an vielen Fronten unterwegs«. *Freitag – Die Ost-West-Wochenzeitung*, 22.09.2006, 38; John Pilger. »The Epic Crime that Dares Not Speak its Name. Royal Air Force officer to be tried before a military court for refusing to return to Iraq«. *New Statesman*, 28.10.2005. http://www.newstatesman. co.uk/; Christopher Claire. »British Soldiers Face Jail for Refusing to Fight«. *Scotland on Sunday*, 30.03.2003; (Staff and agencies). »RAF doctor jailed over Iraq refusal«. *Guardian Unlimited*, 11.04.2006. http://www.guardian.co.uk/Iraq/Story/0,,1753241,00.html; War Resister's International (Hg.). »Britischer Kriegsdienstverweigerer zu acht Monaten Haft verurteilt«. *Rundbrief »KDV im Krieg«* (2006), 4, 17; Andreas Speck. »Hearing zu KriegsgegnerInnen des Irakkrieges im Europaparlament«. *Rundbrief »KDV im Krieg«* (2006), 4, 14; sowie Peter Nonnenmacher. »Lieber ins Gefängnis als in den Krieg. Britische Soldaten, die den Befehl im Irak verweigern, sorgen in der Heimat für Aufsehen. Ihnen drohen zwei Jahre Gefängnis«. *Badische Zeitung*, 03.04.2003, 6.
Bemerkenswert ist, daß Kendall-Smith nicht nur Arzt war, sondern auch Philosophie studiert sowie eine Arbeit über die Moralphilosophie Immanuel Kants verfaßt und zu dieser Thematik als Dozent an der Otago University, in Dunedin, Neuseeland gelehrt hatte, bevor er sich bei der RAF verpflichtete. Neben dem aufsehenerregenden Fall des Flight Lieutenants Dr. Malcolm Kendall-Smith erlangte die Verweigerung von Ben Griffin, der als Kommandosoldat des SAS diente, größere Bekanntheit; vgl. zur Person http://en.wikipedia.org/wiki/Ben_Griffin_former_British_soldier; außerdem Richard Norton-Taylor. »Court gags ex-SAS man who made torture claims«. *The Guardian*, 29.02.2008. http://www.guardian.co.uk/uk/2008/feb/29/ military.law/print; und afp. »Brite kritisiert US-Truppen«. *taz*, 13.03.2006.

56 In den auf die Gründung des jüdischen Staates folgenden Jahrzehnten kam es wegen der verbrecherischen Kriegs- und Besatzungspolitik israelischer Regierungen immer wieder zu spektakulären Verweigerungsaktionen in den Reihen der IDF. Besonders aufsehenerregend und sowohl innerhalb der israelischen Zivilgesellschaft als auch der Streitkräfte extrem umstritten war die öffentlichkeitswirksam in der Presse erklärte Gehorsamsverweigerung von 27 Piloten der israelischen Luftwaffe, darunter sogar der als Fliegerheld hochdekorierte Brigadegeneral Yiftah Spektor, die erklärten, keine weiteren Einsätze zu sogenannten »gezielten Tötungen« im besetzten Gazastreifen und dem Westjordanland zu fliegen; vgl. hierzu u. a. David Grossmann. »Wir zerstören uns selbst. Die 27 israelischen Piloten verweigern ihren Dienst zu Recht«. *Die Zeit*, 16.10.2003. http://www.zeit.de/2003/43/Israel; Erich Follath, Annette Großbongardt. »Verräter und Patrioten. Die Piloten der israelischen Luftwaffe sind der Stolz der Nation – und spalten sie jetzt. Seit sich 27 von ihnen weigern, Angriffe in den Palästinensergebieten zu fliegen, und dabei auch von Intellektuellen unterstützt werden, streitet das Land erbittert über Recht und Unrecht des Besatzungsregimes«. *Der Spiegel*, 06. 10.2003, 132–135. www.spiegel.de/spiegel/print/d-28781131.html; Amy Goodman. »Democracy Now!: Former Israeli Air Force Captain Reports Israeli Pilots Deliberately Missing Targets Over Concerns of Civilian Casualties«. http://www.democracynow.org/article.pl?sid=06/08/091422204; Chris Marsden. »Israel: Air Force pilots reject participation in targeted assassinations«. *World So-*

gründen reichen.[57] All jene Kriegsdienstverweigerer im wahrsten Sinne des Wortes handelten unter Inkaufnahme hoher persönlicher Risiken – immerhin stellen Gehorsamsverweigerung und Ungehorsam nicht nur nach dem deutschen Wehrstrafgesetz mit Freiheitsentzug bewehrte Straftaten dar.[58] Eine detaillierte Darstellung

cialist Web Site, 04.12.2003. http://www.wsws.org/articles/2003/dec2003/isra-d04_prn.shtml; Dean Andromidas. »Israeli Pilots Refuse Occupation Orders«. *Executive Intelligence Review*, 03.10.2003. http://www.larouchepub.com/other/2003/3038idf_pilots.html; Uri Avnery. »Israeli pilots refuse to fulfil ›immoral and illegal orders‹. Refuseniks face state-sponsored campaign of ›defamation, incitement and character assassination‹«. http://www.btinternet. co.uk/uavnery57.htm; Anonym. »Erklärung israelischer Luftwaffenpiloten und Reservisten, 27.09.2003: ›Wir verweigern Angriffe in den besetzten Gebieten‹«. http://www.uni-kassel. de/fb5/frieden/regionen/Israel/verweigerer2.html; Uri Avnery. »Die prächtigen 27 – israelische Piloten verweigern unmoralische Befehle«. *ZNet Deutschland*, 27.09.2003. http://www. lebenshaus-alb.de/magazin/001920.html; Greg Myre. »Reserve pilots in Israel balk at ›illegal‹ strikes. 27 sign petition saying they will refuse missions to spare Palestinian civilians«. *New York Times*, 25.09.2003. http://sfgate.com/cgi-bin/article.cgi?f=/c/a/2003/09/25/MN250306. DTL; sowie Yonathan Shapira. »An Israeli Pilot Speaks Out«. http://www.counterpunch.org/ shapira01232004.html.

In Israel gibt es darüber hinaus die sogenannten »Refuseniks«, eine Verweigerungsbewegung der Infanteriesoldaten, die etwa 500 Soldaten umfaßt und sich bis heute so gehalten hat; vgl. hierzu Rudi Friedrich. »Friedensarbeit und Kriegsdienstverweigerung in Israel. Bericht über eine Vortrags-Rundreise der israelischen Friedensgruppe ›New Profile‹ durch Deutschland«. *ZivilCourage* (2007), 1, 10f.; Felix Oekentorp. »Widerstand gegen israelische Militär- und Besatzungspolitik. Interview mit dem israelischen Kriegsdienstverweigerer Hagai Matar«. *ZivilCourage* (2007), 1, 12f., Rudi Friedrich. »Israel: Hunderte von Soldaten und Reservisten verweigerten Einsatz im Libanon«. *zivil* (2006), 4, 16, War Resister's International (Hg.). »Kriegsdienstverweigerung in Israel. Ein nicht anerkanntes Menschenrecht«. http:// www.wri-irg.org/de/co-isr-03.htm; Amy Goodman. »Israelische Soldaten weigern sich. ›Ich halte das für Kriegsverbrechen‹. Interview mit Yonatan Shapira und Bassam Aramim, Mitglieder der israelisch-palästinensischen Gruppe ›Combatants for Peace‹«. Gratis-Flugblatt des Münchner Bündnisses gegen Krieg und Rassismus, August 2006. http://www.gegen-krieg-und-rassismus.de; Adam Keller. »Kriegsdienstverweigerung – außerhalb des Rampenlichts«. *Rundbrief »KDV im Krieg«* (2006), 1, 20–22; sowie amnesty international Deutschland (Hg.). *Urgent Action* Nr: UA-030/2003, AI-Index: MDE 15/016/2003, 29.01.2003.

Der Autor persönlich hatte in den Jahren 1994 und 1995 die Gelegenheit zur intensiven Begegnung mit einem ehemaligen ›Spieß‹, also Kompaniefeldwebel, der israelischen Fallschirmtruppe namens Gadi Sternbach aus Giv'at Yehsha'ayahu zwischen Jerusalem und Ashkelon, der sich im Jahr 1982 geweigert hatte, am Angriffskrieg gegen den Libanon teilzunehmen und dafür ins Gefängnis gesteckt worden war.

57 Zur Typisierung der Verweigerer vgl. Anonym, List of Iraq War resisters; Anonym. »U.S. War Heroes of the Iraq War – War Resisters from within the Military«. http://www.tomjoad.org/ WarHeroes.htm; sowie UnitedforPeace.org (Hg.). »Iraq War Resisters«. http://www.united-forpeace.org/article.php?id=3455.

58 Dies impliziert kein Werturteil über die empirisch sehr vielfältigen Formen der Kriegsdienst-verweigerung, die von der unerlaubten zeitweiligen Entfernung von der Truppe, über die

der individuellen Fälle würde an dieser Stelle den Rahmen sprengen, weshalb abschließend lediglich einige summarische Konklusionen im Hinblick auf das veränderte Selbstverständnis des Militärs in modernen Industriegesellschaften gezogen werden können.[59] Im Gegensatz zum im politischen und massenmedialen Umfeld der Zivilgesellschaft grassierenden Bellizismus bestimmt nicht mehr unbedingt die vorbehaltlose Bereitschaft zum Krieg, sondern oftmals eher Vorsicht und Zurückhaltung die Haltung der militärischen Führung. Dazu kommt ein weiterer Faktor:

> Ob es uns paßt oder nicht: Der Soldateneid ... hat seine unbefristete und unauflösliche Wirkung im Zuge des allgemeinen Wertewandels nach und nach verloren. Man legt ihn nicht mehr auf den Feldherrn oder eine Ideologie, sondern auf die Nation und ihr Grundgesetz ab.[60]

Gerade das Phänomen der Gehorsamsverweigerungen im Kontext von Verstößen sowohl gegen das *ius ad bellum* als auch gegen das *ius in bello* bestätigen diese These. Demnach können SoldatInnen nicht pauschal als bloße Handwerker des Krieges »mit flatternden Idealen und einem in Landesfarben angestrichenen Brett vor dem Kopf«,[61] wie der herausragende deutsche Publizist und Pazifist Kurt Tucholsky einst schrieb, gelten, sondern mitunter auch als Verfassungspatrioten. In der Bundeswehr entspricht der Typus des Letzteren exakt dem vor allem von dem deutschen General Wolf Graf von Baudissin nach dem Zweiten Weltkrieg propagierten Leitbild vom Staatsbürger in Uniform, der seine ethischen Überzeugungen und politischen Vorstellungen eben auch im Militärdienst nicht preisgibt. Letzteres beschränkt sich indes nicht exklusiv auf das Militär hierzulande, denn auch anderenorts »nimmt sich der einzelne Soldat, eine Kompanie, ein Regiment oder sogar ein größerer Verband nicht selten die Freiheit zu entscheiden, welche Befehle befolgt werden und welche nicht.«[62] Darüber hinaus sind Soldaten, wie

---

dauerhafte Desertion oder die punktuelle Gehorsamsverweigerung im Hinblick auf einzelne Befehle bis hin zur grundsätzlichen Verweigerung des Kriegsdienstes aus Gewissensgründen reichen. Zur Typisierung der Verweigerer vgl. Anonym, List of Iraq War resisters; Anonym, U.S. War Heroes of the Iraq War.

59 Vgl. zum folgenden Gustav Däniker. *Wende Golfkrieg. Vom Wesen und Gebrauch künftiger Streitkräfte*. Frankfurt am Main 1992; sowie Jürgen Rose. »Vom Wesen und Gebrauch zukünftiger Streitkräfte«. *Truppenpraxis* (1993), 4, 346–351.

60 Däniker, 203.

61 Ignaz Wrobel. »Gewehre auf Reisen«. *Die Weltbühne*, 16.10.1924; in Kurt Tucholsky. *Unser Militär! Schriften gegen Krieg und Militarismus*. Hg. von Richard von Soldenhoff. Frankfurt am Main 1982, 274.

62 Däniker, 203.

eingangs dargelegt, sogar dazu verpflichtet, völkerrechtswidrigen und verbrecherischen Befehlen den Gehorsam zu verweigern.[63]

Das entscheidende Problem stellt heute die innere Einstellung, die Motivation einer Truppe und ihre Identifikation mit dem Auftrag dar.

> Wenn sie ihrer Führung vertraut und die »Kriegsziele« akzeptiert, ist sie zu praktisch allem bereit. Wenn ihre innere Einstellung der Auffassung der (militärischen oder politischen) Führung widerspricht, kann es zum Aufruhr oder mindestens zur Passivität kommen.[64]

Schlagend demonstrieren die »Angriffskriegsverweigerer« unterschiedlicher Provenienz, daß Befehle für zweifelhafte Zwecke nicht mehr bedingungslos ausgeführt werden. »Wo die Legitimität der Kommandogewalt nicht eindeutig feststeht, und die gerechte Sache nicht für jedermann einsichtig ist, wird das ehemals gefürchtete Instrument [...] zum widerspenstigen Haufen.«[65] Dies bedeutet, daß Militär in zunehmendem Maße nicht mehr für die Verwendung zu beliebigen politischen Zwecken zur Verfügung steht, und zugleich, daß generell die Motivation für den Einsatz im Rahmen kriegerischer Interventionen nicht mehr automatisch gegeben ist. Zwar kann unter den politischen und militärischen Entscheidungsträgern angesichts der real verschwindend geringen Verweigererzahlen für übertriebene Ängste vor der »Massenverweigerung«[66] von SoldatInnnen zur Zeit kein wirklicher Anlaß bestehen. Nichtsdestoweniger muß in den Augen jener die Existenz eines neuartigen Soldatentypus, der nicht bereit ist, Kadavergehorsam zu leisten und der sich auch nicht von den durchaus gravierenden Sanktionen der Militärjustiz abschrecken läßt, seinen individuellen Vorstellungen von Recht und Gewissen gemäß zu handeln, durchaus prekär erscheinen. Denn auf die renitenten Gewissenstäter wird nicht unerheblicher Druck ausgeübt. Dieser reicht vom Vorwurf der unerlaubten politischen Betätigung, durch die der als sakrosankt verstandene Primat der Politik infrage gestellt würde, bis hin zur Herausforderung der Demokratie per se. Auch würden die militärische Moral und Disziplin unterminiert. Regelmäßig wird von den Anklägern insinuiert, die Gehorsamsverweigerer besäßen gar keine persönlichen Gewissensgründe, sondern würden diese nur vorschieben, um ihre im Kern eigentlich politische Motivation zu camouflieren. Und ebenso

63 Vgl. Michael Pesendorfer. »Handeln auf Befehl – kriegsvölkerrechtlich ein Rechtfertigungsgrund?«. *Österreichische Militärische Zeitschrift* (1997), 5, 539–544.
64 Däniker, 204.
65 Ibid., 204.
66 Hans Rühle. »Angst vor der Massenverweigerung. Warum die Bundesregierung mit allen Mitteln versucht, die Bundeswehr aus dem Süden Afghanistans herauszuhalten«. *Süddeutsche Zeitung*, 28.03.2007, 2.

habituell weigert sich die befaßte Justiz, gleich ob Militär- oder Zivilgerichte, die zur Rechtfertigung widersetzlichen Handelns vorgebrachten Gründe – nämlich illegale und unmoralische Angriffskriegführung sowie schwerwiegende Verstöße gegen die im Humanitären Völkerrecht kodifizierten Regeln der Kriegführung – zum Gegenstand ihrer Rechtssprechung zu machen.[67] Angesichts dieser Defizite kommen sowohl die politische Leitung als auch die militärische Führung um die Erkenntnis nicht herum, »daß nicht nur der einzelne Soldat, sondern selbst die härteste Truppe eine Seele besitzt, und ebenso ein Gewissen, das ihr sagt, was man tun darf und was nicht.«[68] Die hieraus zwingend folgende Konklusion brachte in bestechender Weise ein Justizminister der Vereinigten Staaten von Amerika, Ramsey Clark, der seinem Land zu einer Zeit diente, in dem es noch kein Mord- und Folterstaat, sondern ein Rechtsstaat war, auf den Punkt, als er den nicht erst für den »Staatsbürger in Uniform« im Rahmen moderner Kriegführung, sondern für jeden Soldaten schon immer geltenden kategorischen Imperativ definierte, der da lautet: »Die größte Feigheit besteht darin, einem Befehl zu gehorchen, der eine moralisch nicht zu rechtfertigende Handlung fordert.«[69]

---

67 Vgl. hierzu Jürgen Rose. »Angriffskrieg und Menschenrecht«. *Ossietzky* (2011), 8, 297–302.
68 Däniker, 205.
69 Ramsey Clark. *Wüstensturm. US-Kriegsverbrechen am Golf.* Göttingen 1993, 268.

ULRICH TILGNER

Medienberichterstattung in kriegerischen Zeiten

Die Waffen und ihr Einsatz verändern sich schneller als das Bewusstsein über die Veränderung der Kriegsführung, und die Berichterstattung kann in doppelter Hinsicht mit dieser Entwicklung nicht Schritt halten. Zum einen weil das Verständnis und die Begriffe fehlen, mit denen berichtet werden kann, und zum zweiten weil sich die Medienschaffenden ihrer Rolle zunehmend weniger bewusst sind. Diese Entwicklung bietet Kriegführenden die Möglichkeit, die Öffentlichkeit in unterschiedlicher Weise zu desinformieren und zu manipulieren.

Im Sommer 2012 veröffentlichte der *New York Times*-Mitarbeiter David Sanger das Buch *Confront and Conceal – Obama's Secret Wars and Surprising Use of American Power*. Er erntete einen Sturm der Entrüstung seitens der US-Regierung, weil Details des Schattenkrieges gegen den Iran aufgedeckt wurden. Präsident Barack Obama forderte, dass die Informanten Sangers zur Rechenschaft gezogen werden sollten. Dies war eine Art Vorwärtsverteidigung des Präsidenten, weil die Republikaner den Autor verdächtigten, Wahlhilfe für Obama zu leisten, da in dem Buch geschildert werde, dass der Präsident ein Befürworter der Nutzung verdeckter militärischer Gewalt sei. Die Kritik ist plausibel, denn die Politik des gezielten Tötens, wenn sie, wie im Drohnenkrieg, geheim betrieben wird, kann in Wahlkämpfen nur genutzt werden, wenn die Öffentlichkeit sie kennt – also über sie berichtet wird – und die Verantwortlichen genannt werden.

Medienschaffende müssen sich also auch fragen, wem eine Veröffentlichung nutzt (Cui bono?). Dies ist so wichtig, weil sich daraus auch der Wert bestimmter Quellen erschließen lässt, weil Informationen oft diskret verbreitet werden, um daraus politisch Kapital zu schlagen. So war es für Israel bedeutsam, dass nach dem Bau der Atombombe deren Existenz bekannt wurde. Eine entsprechende Veröffentlichung geschieht somit auch im Interesse der Politik des Landes, und damit stehen Autorinnen und Autoren mindestens zum Teil im Dienste dieses Landes, da sie dessen Interessen bedienen. Im Falle des Computervirus »Stuxnet«, der im Schattenkrieg gegen Iran eingesetzt wurde, soll ein Viersterne General der US-Armee die Informationen über den im Cyberkrieg genutzten Virus verraten haben. Dabei war James Cartwright als zweithöchster Offizier der US-Streitkräfte ein enger Berater und Vertrauter Obamas.

Ulrich Tilgner

Meine Skepsis zu Veröffentlichungen in den Medien, deren Quellen in Regierungskreisen angesiedelt sind, hat sich in den vergangenen Jahren vergrößert, weil nur zu oft Berichte lanciert werden, um mit ihnen Politik zu machen. Die Berichterstattung über das iranische Atomprogramm bietet dafür reichlich Anschauungsmaterial. Diplomaten in Wien geben seit Jahren Informationen an die Presse, ohne dass deren Interessen auch nur erwähnt, geschweige denn reflektiert werden. Dabei handelt es sich nahezu ausschließlich um Iran belastende Details. Dass derartige Meldungen ihre politische Wirkung heute nicht mehr erzielen, liegt daran, dass sie nach zehn Jahren kaum noch Aufmerksamkeit erregen.

Doch das eigentlich Bedenkliche sind nicht lancierte Berichte beziehungsweise die fehlende Quellenkritik der Medien, sondern die zunehmend verdeckte Form oder neue Formen der Kriegführung bilden das Hauptproblem für die Berichterstattung. Die USA haben Konsequenzen aus den desaströsen Bodenkriegen in Afghanistan und im Irak gezogen. Nicht nur die hohe Zahl der getöteten US-Soldatinnen und US-Soldaten (6.750 bis Juli 2013), sondern auch die enormen Ausgaben für die beiden Kriege sowie die Folgekosten (etwa 6.000 Milliarden US-Dollar) haben eine militärpolitische Neuorientierung notwendig gemacht. Da auch die Privatisierung von Kriegen mit dem verstärkten Einsatz ziviler Sicherheitsfirmen und Auftragsfirmen keine Lösung gebracht hat, vermeiden die USA direkte militärische Interventionen. Bereits während des Libyen-Krieges haben die USA anders als in Afghanistan die Hauptlast der Angriffe europäischen NATO-Mitgliedern übertragen. Die USA beschränken sich auf eine eher planende und steuernde Rolle. Dafür wird die Zusammenarbeit mit den Streitkräften anderer Länder weiter verbessert. Im Mali-Krieg halten sich die Vereinigten Staaten weitgehend zurück. Das US-Militärkommando in Afrika arbeitet jedoch an Plänen, eine weitere Drohnenbasis in Afrika einzurichten. Diese soll in Niger entstehen.

Die US-Militärstrategie basiert auf der Aufrechterhaltung der eigenen militärischen Überlegenheit sowie dem Aufbau von Verbänden, die schnell eingreifen können. Sollten US-Truppen in Kriege geschickt werden, wollen die USA verstärkt Spezialeinheiten einsetzen. Um diese Ziele zu erreichen, hat Präsident Obama in den beiden ersten Jahren seiner Amtszeit die Streitkräfte weiter reformiert. Kleine Einheiten mit höherer Kampfkraft sollen neue Waffensysteme erhalten. Zu den Planungen gehört auch, dass zunehmend automatisierte Systeme oder sogar Roboter eingesetzt und der Drohnen- und der Cyberkrieg ausgeweitet werden. Diese Kriege werden jedoch geheim geführt.

Im Zentrum steht der Einsatz von Drohnen. Diese Form des Krieges wird nicht mehr als solcher erkannt und benannt. Dienstags werden im Weißen Haus Todesurteile ohne Gerichtsverfahren verhängt, wenn US-Präsident Obama Personen zur Tötung freigibt, die nicht einmal namentlich bekannt zu sein brauchen. Das Vorgehen verwischt die Grenzen des Kriegs- und des Völkerrechts. Die verdeckten Kriege finden in einem rechtsfreien Raum statt, da die US-Regierung eine Art Notstand im Kampf gegen Terroristen für sich in Anspruch nimmt. Kritik an diesem Vorgehen wird von westlichen Regierungen nicht geleistet. Die Vereinten Nationen belassen es bei Mahnungen, und in den Medien werden immer seltener kritische Artikel veröffentlicht.

Die Debatte über die Nützlichkeit des Einsatzes von Drohnen überlagert die Kritik an der Praxis des gezielten Tötens, weil immer weniger an Kämpfen Unbeteiligte getötet werden. Die Genauigkeit der Aufklärung und die deutlich verbesserte Zielplanung haben dazu geführt, dass die Tötung durch Drohnen heute wesentlich genauer erfolgt als im Jahre 2010. Doch der heutige CIA-Chef John Brennan log 2011, als er erklärte, es habe ein Jahr lang keine zivilen Toten bei Drohnenangriffen in Pakistan gegeben. Nach der dieser Darstellung zugrunde liegenden Logik sind alle Männer zwischen 14 und 65 Terroristen, die getötet werden dürfen.

Ähnlich scheinheilig argumentierte auch der ehemalige Bundesverteidigungsminister Franz Josef Jung, als er nach der Tötung von mindestens 100 Personen bei einem am 3. September 2009 in Afghanistan von einem Bundeswehroberst ausgelösten Luftangriff mehrfach behauptete, ihm sei von getöteten Zivilisten nichts bekannt. Die in den Medien erst spät einsetzende Kritik an Jung ist ein Beispiel für den Niedergang des Journalismus und dessen steigende Abhängigkeit von Behörden. So erschienen in deutschen Zeitungen Kritiken an der Berichterstattung in anderen Ländern, in denen dieser größte Angriff auf Zivilisten im Afghanistan-Krieg kritisiert wurde.

Bei US-Drohnenangriffen starben allein im pakistanischen Wasiristan seit 2004 mindestens 3.000 Menschen bei Angriffen durch ferngesteuerte unbemannte US-Flugkörper. In Pakistan ist die Kritik an dem US-Krieg besonders groß. Die Berichterstattung ist so schwierig, weil die Gebiete, in denen die Raketen der US-Drohnen einschlagen, von der pakistanischen Armee abgesperrt werden. Safdar Dawar, der Sprecher der Tribal Union of Journalists, erklärte im Oktober 2012 bei der Verleihung des Menschenrechtspreises der Friedrich-Ebert-Stiftung, dass ein Mitglied seiner Organisation, der als erster von einem Einsatz von US-Drohnen berichtet habe, ermordet worden sei.

In wievielen Staaten US-Drohnen Menschen töten, ist unbekannt, da die Regierung in Washington über die Angriffe, die von der CIA und den US-Streitkräften ausgeführt werden, schweigt. Das Netzwerk geheimer Stützpunkte für Drohnen existiert weltweit, nicht nur in afrikanischen Ländern wie Djibouti und Äthiopien. Obama hat im Jahr 2009 angeordnet, den Drohnenkrieg auf Jemen auszuweiten. Seither erfolgen dort nach Pakistan die meisten der Angriffe. Viele von ihnen werden von einem US-Drohnenstützpunkt in Saudi-Arabien gestartet, über dessen Existenz verschiedene Zeitungen in Großbritannien und den USA auf Bitten der Regierung in Washington nicht berichtet haben, weil sie das Verhältnis zu Saudi-Arabien nicht stören sollten. Der US-Präsident bestätigte die in den USA populären Einsätze von Drohnen erstmals zu Beginn des Wahlkampfjahres 2012 (Januar), nachdem vier Tage zuvor in der pakistanischen Hauptstadt Islamabad 100.000 Menschen gegen die Drohneneinsätze der CIA demonstriert hatten.

Trefflicher als am Beispiel der Drohnen der USA lässt sich diese Art des neuen Krieges kaum erläutern. Seit Jahren werden die Einsätze vom Friedensnobelpreisträger des Jahres 2009 jeweils gebilligt und ausgelöst, Angriffe, die nicht einmal mehr bekannt werden. Denn sie werden nicht nur geheim ausgeführt, sondern um von ihnen abzulenken, haben Regierungen anderer Staaten auch mehrfach erklärt, dass es sich um Angriffe der Streitkräfte ihrer Länder handele. Jemen dient als Beispiel, weil in Washington Drohnenangriffe gemeldet wurden, während es in der jemenitischen Hauptstadt Sanaa zum gleichen Ereignis hieß, die Luftwaffe des Landes habe Aufständische bombardiert.

Im Kampf gegen sogenannte Terroristen werden keine Gefangenen mehr gemacht. Getötet werden Verdächtige, gegen die Raketen aus Drohnen abgefeuert werden. Bis heute sind es Menschen, die im Drohnenkrieg die Angriffe auslösen. Das Bedienungspersonal (Operators) sitzt in den USA in Bürogebäuden. Nach Dienstschluss wird die Steuerung der Drohne einem nächsten Beamten übergeben. Planer im Verteidigungsministerium vergeben bereits Aufträge für Systeme, bei denen Computer die Angriffe auslösen. In zwanzig Jahren soll die Drohne MQ-1000 Entscheidungen über Angriffe selbstständig treffen und dann sofort ausführen. Auch Drohnenschwärme werden zu Ähnlichem in der Lage sein. Die gesammelten Informationen werden von einem Computersystem in einer der Drohnen ausgewertet, in dem dann auch die Entscheidung über einen Angriff fällt.

US-Ex-Präsident und Friedensnobelpreisträger Jimmy Carter sieht in den Drohneneinsätzen »beunruhigende Beweise dafür, wie weit die Menschenrechtsverletzungen unserer Nation fortgeschritten sind« (»disturbing proof of how far our nation's violation of human rights has extended«). Die internationale Gemeinschaft hat sich mit der Aushöhlung des Humanitären Völkerrechtes weitgehend abgefunden. Zwar strengen Verwandte von bei Drohnenangriffen getöteten pakistanischen Staatsbürgern Gerichtsverfahren gegen US-Politiker an, doch die großen nationalen und internationalen Organisationen schweigen. Die weltgrößte Militärmacht schafft Fakten und verletzt Menschenrechte in einem immer größeren Ausmaß. Die Drohnenangriffe der USA werden genauso wenig untersucht wie der Tod von Hunderten von Afghanen bei nächtlichen Angriffen von Kommandotrupps der US-Armee.

Seit 2012 wird bei den US-Streitkräften bereits mehr Bedienungspersonal für Drohnen als Piloten für Flugzeuge alter Bauart ausgebildet. Drohnen haben unterschiedlichste Größen. Aufklärungsdrohnen können wenig größer als Hornissen sein. Die britischen Streitkräfte setzen in Afghanistan eine Drohne ein, die einem Kugelschreiber ähnelt. Die in Schweden gebaute »Black Hornet« hat eine Länge von etwa zehn Zentimetern, wiegt 16 Gramm und kostet knapp 150.000 Euro. Die Aufklärungsdrohne soll so leise operieren, dass Gegner britischer Soldaten sie nicht hören können, wenn sie einige Meter entfernt fliegt. Die kleinste Drohne der Bundeswehr (»Mikado«) hat ein Gewicht von 1,5 Kilogramm. Ein ARD-Bericht, in dem die Drohne bei einem simulierten Einsatz in Afghanistan vorgestellt wurde, glich einem Werbefilm.

Auch Großraumflugzeuge lassen sich fernsteuern. Im Pentagon entscheidet ein Planungsstab, welche Flugzeuge als unbemannte Version gebaut werden sollen. Verfügte das Pentagon im Jahre 2000 gerade über neunzig Drohnen, so waren es zu Beginn des Jahres 2012 bereits gut 9.000. Allein die US-Streitkräfte stellen für die Anschaffung unbemannter Systeme jährlich knapp sieben Milliarden US-Dollar bereit. Die Umstellung auf fahrerlose Fahrzeuge und Schiffe wird Schritt für Schritt erfolgen. Die Umstellung von Soldaten auf Roboter dauert wesentlich länger.

Um Piloten, Fahrer oder Schiffsführer einzusparen, müssen Flugzeuge, Fahrzeuge oder Schiffe ferngesteuert werden. Damit verringert sich das Todes- oder Verletzungsrisiko eigener Soldaten. Aufklärungsdrohnen haben aufgrund ihres geringen Gewichts und ihrer geringen Geschwindigkeit genau wie Ballons den Vorteil, dass sie über große Zeiträume eingesetzt werden können und die Auswertung der Aufzeichnungen weitgehend automatisch erfolgt. Dies bringt zudem bedeutende Einsparungen. Aus diesen Gründen rüsten die US-Streitkräfte auf unbemannte Waffen- und Transportsysteme um. Schon in wenigen Jahren wird ein immer größerer Anteil der Flugzeuge, Fahrzeuge und Schiffe ferngesteuert oder automatisch, also ohne Personal, betrieben werden. Damit gelingt es den Militärs, den in den neunziger Jahren begonnenen Trend der Privatisierung militärischer Aufgaben wieder umzukehren.

Enthüllungen über Einzelheiten des Drohnenkrieges erfolgen oft zu politischen Zwecken – zu selten weil Journalisten Details der verdeckten Aktionen von Militärs und Geheimdienstlern recherchieren und aufspüren. Mag der Einsatz von Drohnen politisch Neuland sein, weil Kriege geheim und ohne Erklärung geführt werden, mögen die Verantwortlichen weit entfernt von den Kampfstätten sitzen, theoretisch könnte man sie ermitteln und zur Rechenschaft ziehen, wie Piloten von Kampfbombern und deren Kommandeure. An der Planung der Einsätze sind nicht nur Soldaten beteiligt.

Damit entsprechen die Einsätze den Vorstellungen der ehemaligen US-Außenministerin Hillary Clinton über smart power. »We call it smart power« (»wir nennen es die intelligente Nutzung von Macht«), beschrieb sie in einer Dinner Speech am 23. Mai 2012 im Hauptquartier des Special Operation Commands die Neuorientierung der US-Politik des Krieges gegen Terroristen. In der Rede anlässlich eines Abendessens von Teilnehmern an einer Konferenz von Sondereinsatzkommandos aus 96 Ländern erklärte die Außenministerin, dass die USA nach zehn Jahren schmerzhafter Erfahrungen gelernt hätten, nur in Sonderfällen militärische Alleingänge zu unternehmen. Diese dürfe es nur geben, wenn keine anderen Optionen bestünden.

Mit der Kombination ziviler und militärischer Mittel und durch Zusammenarbeit mit anderen Staaten, so Clinton weiter, sei die Durchsetzung von Interessen am besten gewährleistet. In den USA koordinierten Außenpolitiker, Entwicklungsspezialisten und Militärs bereits ihr Vorgehen. Die Grenze zwischen militärischen und zivilen Operationen dürfte künftig weiter verschwimmen. Damit ist zu bezweifeln, dass sich das Pentagon noch an den früher geltenden Grundsatz hält, nicht mit privaten Geheimdiensten zusammenzuarbeiten. Diese neue Form politischen und militärischen Handelns wird nur noch selten dargestellt, da Medienschaffenden in der Regel die Zeit für die notwendigen Recherchen fehlt.

Die Umrüstung auf Kriegs-Roboter, die Kampftruppen ersetzen, wird länger dauern. Ihre Entwicklung ist anspruchsvoller, denn sie müssen ähnlich wendig wie Soldaten sein und zudem innerhalb kürzester Zeit Entscheidungen fällen, ob und wie Waffen eingesetzt werden. Hierbei entstehen völlig neue Probleme. Roboter müssen so programmiert werden, dass sie in Grenzsituationen wie Menschen Entscheidungen über den Einsatz von Waffen fällen können. Im Gegensatz zu Menschen sind sie für ihre Taten jedoch nicht verantwortlich. Sie verändern die Kriegsführung nachhaltig, weil sie selbstständig handeln. Darin unterscheiden sie sich von ferngesteuerten Transport-, Aufklärungs- oder Waffensystemen. Dass diese Entwicklung in den Medien nicht aufmerksam verfolgt wird, liegt ganz im Interesse der Planer und der dafür Verantwortlichen.

Mit dem Cyberkrieg nutzt Präsident Obama eine ganz neue Form der Kriegsführung. Bereits in der Amtszeit von Vorgänger Bush liefen erste Versuche, das Internet für Angriffe gegen andere Staaten einzusetzen. Im Cyberkrieg verschwimmen die traditionellen Grenzen zwischen Krieg und Frieden. Für die Entwicklung des Iran-Konflikts hat das geänderte Auftreten weitreichende Konsequenzen. Der von vielen Beobachtern erwartete Angriff Israels oder der USA erfolgte auch nicht, weil die Regierung in Washington neue Formen gewaltsamer Interventionen nutzte, um die Entwicklung der iranischen Atomtechnologie zu behindern. 2008 wird als Beginn einer neuen Form des Krieges in die Geschichte eingehen.

In einem geheimen Programm waren Spezialisten der Aufklärungsabteilungen der militärischen Geheimdienste der USA und Israels (National Security Agency und Unit 8200) gemeinsam in die Computersysteme des iranischen Atomprogramms eingedrungen. In den USA waren daraufhin Versuche an Zentrifugen gemacht worden, mit denen im Iran Uran angereichert wird. Programme, die die Arbeit der Zentrifugen steuern und kontrollieren, wurden durch den Einsatz des Software-Virus »Stuxnet« manipuliert und zum Teil zerstört. Sanger beschreibt in seinem Buch, wie schwierig dessen Entwicklung und wie aufwendig es war, »Stuxnet« in die Kontrollcomputer der iranischen Anreicherungsanlage in Natans zu laden. Neben Computerviren werden im Kampf gegen Iran auch Mordanschläge und Sabotageaktionen genutzt.

Damit wird ein Land angegriffen, gegen das die USA keinen Krieg führen. Präsident Obama sieht in diesem Vorgehen eine Möglichkeit, einen bewaffneten Konflikt mit dem Iran zu vermeiden und Israel von einem Angriff auf die iranischen Atomanlagen abzuhalten. Obama hatte das ›Olympische Spiele‹ genannte Programm des Cyberkriegs von Vorgänger Bush übernommen, aber er entschied persönlich, welche Angriffe auf das iranische Atomprogramm ausgeführt wurden. Obama musste das Risiko iranischer Gegenangriffe abwägen. Die Berater des Präsidenten hielten es für unwahrscheinlich, dass der Iran mit der Zerstörung von Computern in den USA reagieren würde. Anschläge auf im Mittleren Osten stationierte Truppen oder Sabotage von Anlagen der Ölwirtschaft in arabischen Staaten wurden bei den Beratungen im Weißen Haus für möglich gehalten und das Risiko in Kauf genommen. Ebenso wurde das Risiko, dass sich das Virus weltweit verbreiten und eine Gefahr für alle Anlagen (auch Kraftwerke) darstellen würde, die mit einem ähnlichen Regler oder Steuerteil wie die Zentrifugen in Natans ausgestattet waren, eingegangen.

Die US-Regierung begann den Cyberkrieg gegen Iran möglicherweise auch, weil sie davon ausging, Iran werde sich als schwächerer Gegner nicht dagegen zur Wehr setzen können. US-Präsident Obama hat mit seiner Angriffsentscheidung ähnlich wie bei der Ausweitung des Drohnenkrieges die Grenzen zwischen ziviler und militärischer Konfrontation verwischt. Während öffentlich Verhandlungen zur diplomatischen Lösung eines Konfliktes laufen, wird nicht nur mit dem Aufbau zusätzlicher militärischer Stärke der Druck auf die andere Seite erhöht, sondern diese unter anderem auch durch Angriffe über das Internet und den Einsatz von Aufklärungsdrohnen geschwächt.

Im Juni 2012 kündigte Irans Geheimdienstminister Heydar Moslehi an, dass der Iran den Cyberkrieg erwidern und ebenfalls Angriffe im Internet starten werde. Im Mai 2013 bestätigten Regierungsmitarbeiter in Washington gegenüber der *New York Times* einen Bericht des *Wall Street Journal*, dass Öl- und Gasfirmen sowie Elektrizitätsgesellschaften Sabotageangriffen ausgesetzt seien. Es handele sich um Versuche, die Kontrollsysteme von Anlagen durch das Internet zu übernehmen. Diese Angriffe kämen aus dem Iran und seien wahrscheinlich staatlich organisiert.

Damit vergrößert sich die Militarisierung des Internets, deren Folgen sich noch nicht absehen lassen. Während Hacker bestraft und internationale Normen für ihre Aburteilung geschaffen werden, gibt es kein Gesetzeswerk gegen den Cyberkrieg. Durch Staaten über das Internet verbreitete Viren werden behandelt, als ob es sich um Science Fiction-Geschichten handele. Selbst der größte Teil der Friedensbewegung schweigt zur militärischen Nutzung des Internets. Dabei wird bereits seit Jahren vor Anschlägen von Terroristen durch das Internet gewarnt. Der Entwicklung von Viren, mit denen der Zusammenbruch der Versorgungssysteme ganzer Staaten ausgelöst werden kann, wird kein Einhalt geboten.

Die Ausweitung des Drohnenkrieges und des Cyberkrieges zeigen, wie überfällig neue Regelwerke und Konventionen sind. Sie wären ein wichtiger Beitrag, damit das Humanitäre Völkerrecht und die Menschenrechte beachtet und Verstöße geahndet werden. Weder die Vereinten Nationen noch das IKRK haben bisher die notwendigen Initiativen ergriffen. Von den Staaten des Westens, die traditionell für sich in Anspruch nehmen, für die Wahrung der Menschenrechte einzutreten, sind derartige Initiativen nicht zu erwarten, weil diese Länder mit ihrer Politik und ihrem militärischen Vorgehen dazu beitragen, das Humanitäre Völkerrecht und die Menschenrechte auszuhöhlen.

Medien behandeln Angriffe im Rahmen des Cyberkrieges nur in Ausnahme-
fällen und verharmlosen auch damit deren Bedeutung. Dabei wenden die Staaten
immer größere Teile ihrer Militärausgaben für den Krieg im Internet auf. Das US-
Verteidigungsministerium hat bereits Einsatzregeln für den Internetkrieg entwickelt. Im neuen Netzwerkquartier der Cyberkommandozentrale der Streitkräfte in
Fort Meade (Maryland), deren Bau etwa 300 Millionen Euro gekostet haben soll,
werden 2015 etwa 4.000 Cyber-Krieger arbeiten.

Ein immer größerer Teil von ihnen soll sich mit Formen des Angriffskrieges
beschäftigen, in dem zum Beispiel Teile der Produktion gegnerischer Staaten zerstört und deren Infrastruktur lahmgelegt werden können. Im Militärhaushalt der
USA sind im Jahr 2014 für den Internet-Krieg 4,9 Milliarden US-Dollar vorgesehen. Das bedeutet gegenüber dem Vorjahr eine Erhöhung um 800 Millionen, also
von 16 Prozent. Derzeit arbeiten die Internetsoldaten noch eng mit der NSA (U.S.
National Security Agency) zusammen, deren weltweite Überwachungsaktionen
Edward Snowden im Juni 2013 bekannt machte.

Auch der 29-jährige ehemalige Mitarbeiter der NSA hatte zuletzt nicht mehr
als Systemadministrator, sondern als Infrastrukturanalyst für eine Privatfirma im
Dienste der NSA Analysen erstellt, die nicht nur defensiv, sondern genauso für An-
griffsaktionen im Internet genützt werden können. Snowden kam so in den Besitz
einer Liste der Computer in der Welt, in die die NSA eingedrungen war. Die Zeiten, in denen die Staaten Internetspezialisten anheuerten, deren Aufgabe es war,
Spionage im Internet zu verhindern und die Täter aufzuspüren, sind vorbei, seit
Jahren steht die Kriegführung im Mittelpunkt.

Wie schamlos die Sicherheitsdienste auch parlamentarische Kommissionen in
die Irre führen, demonstrieren Snowdens Enthüllungen. Der Direktor des Zusam-
menschlusses der 16 US-Geheimdienste, James R. Clapper, musste eine Aussage
aus dem März 2013 zurückziehen, in der er vor einem Senatskomitee behauptet
hatte, es würden keine Daten von Millionen US-Bürgern gesammelt. Selbst ein
Datenblatt, mit dem die NSA Anschuldigungen Snowdens widersprechen wollte, musste nach Anzweifelungen von US-Senatoren zurückgezogen werden. Selbst
Medien, die regelmäßig über Zensur und Internetbeschränkungen in Drittwelt-
staaten berichten, scheuen sich, die gleichen Maßstäbe zu nutzen, wenn sie über
die Interneteingriffe westlicher Staaten berichten.

Für Fernsehmacher bildet das Internet die größte Konkurrenz. Schnelligkeit,
Vielfalt und Direktheit machen den Unterschied zum langsameren Fernsehen.
Doch hinter diesem direkten Vergleich wird vergessen, wie die Veränderung der
Technologien auch die Medien verändert hat. Rundfunk und Fernsehen berichten
heute immer öfter live. Diese Echtzeitberichterstattung ist vor allem für das Fern-
sehen neu.

Im Einzelfall konkrete Gründe für die unzureichende Berichterstattung über
die neuen Kriegsformen zu finden, ist schwierig. Sicherlich steht diese Art der
Darstellung hierzulande in einer Tradition, mit der sich auch nationalistische

Berichterstattung vor und im Ersten oder Zweiten Weltkrieg erklären lässt. Dies wird deutlich, wenn man die Berichterstattung über den Irak-Krieg mit der des Afghanistan-Krieges vergleicht. Während im Irak von Beginn an der kritischen Berichterstattung ein großer Raum eingeräumt wurde, bildet bei den Berichten aus Afghanistan die Regierungspolitik eine Art Richtschnur für die Darstellung. Es kommen nicht nur übermäßig viele Politiker der Regierungsparteien zu Wort oder werden auf Reisen zu Besuchen deutscher Soldaten begleitet, sondern deren Sichtweise findet auch breiten Raum in der Berichterstattung, selbst wenn sie verfehlt ist.

Mit dem Afghanistan-Einsatz hat sich die Regierungsnähe der Medien verstärkt. Von den ersten Zusagen, Sicherheit für den Aufbau neuer Strukturen zu leisten, über sogenannte Einsätze von »Helfern in Uniform« bis zum Einsatz von Kampftruppen wurde offizielle Regierungspolitik zur Richtschnur der Betrachtung erhoben. Die Darstellung der Verhältnisse vor Ort war den Interessen deutscher Regierungspolitik angepasst. Vor allem während innenpolitisch bedeutsamer Phasen (Parlamentsdebatten, Tankerbombardierung etc.) dominiert in den Redaktionen der Wille, ein Wir-Gefühl zu verbreiten. Damit hat die Auslandsberichterstattung für die einzelnen Medien zunehmend ihren eigenständigen Charakter verloren und wurde zu einem Instrument, die in den Augen der Verantwortlichen falsche Volksmeinung zu korrigieren.

Diese in Deutschland nicht ungewohnte Darstellung wird durch zwei Trends verstärkt, die sich in den Medien in den vergangenen Jahren dramatisch verstärkt haben:

1. Mit der Zunahme der redaktionszentrierten Planung werden Reporter und Korrespondenten immer stärker dirigiert. Konnten letztere früher durch die gelieferten Beiträge und die oftmals selbstständige Auswahl von Themen die Darstellung prägen, so entscheiden heute die Redaktionen nahezu allgewaltig über die Auswahl der Themen und sogar die Art des Einsatzes von Kolleginnen und Kollegen vor Ort. Dabei liegen die Zentralen nicht nur dem Schein des durch Agenturen Informiertseins auf, sondern komponieren Sendungen oder Ausgaben. Da die Redaktionen auch noch darauf achten müssen, dass die Kostenvorgaben eingehalten werden, entstehen bei der Erarbeitung von Beiträgen immer größere Zwänge. Ein Vergleich der Hauptnachrichtensendungen zeigt, dass sich global die Themen und beim Fernsehen auch die Bilder ähneln. Wer Redaktionen zuliefert, hat gar nicht mehr die Zeit und die Mittel, etwas Originäres zu erarbeiten. Es entsteht ein Schein der Direktberichterstattung, die zum Fetisch wird, um von der Verflachung der Inhalte abzulenken. Beispiel dafür ist die Übernahme der Agentur-Bilder im Fernsehen und in der Presse oder der O-Töne anderer Medien im Rundfunk. Die authentische Berichterstattung wird zunehmend durch Klischees oder Stereotypen ersetzt, die in den Redaktionen auf Zustimmung stoßen. Damit finden Vorurteile über das Fremde immer stär-

ker Eingang in die Auslandsberichterstattung und ersetzen das Authentische. Eine Überprüfung des Berichteten bleibt nahezu unmöglich, weil sich das Dargestellte außerhalb des eigenen Erfahrungshorizontes bewegt und wegen der zunehmenden Uniformität der Darstellungen Vergleichsmöglichkeiten entfallen. Der zeitliche Aufwand, sich heute umfassender zu informieren, wird immer größer, obwohl sich die Flut der Information vergrößert.

2. Die zunehmenden Möglichkeiten von Behörden und Pressestellen, die Medien zu beeinflussen, korrespondieren mit den abnehmenden Ressourcen letzterer. Insbesondere bei Kriegen oder Militäreinsätzen gewinnt dieser Aspekt zunehmend an Bedeutung. Dies beginnt mit der Einbeziehung der Medien bei militärischen Einsätzen. Planer nutzen die Möglichkeiten von Liveübertragungen, um Angriffe zum Teil von Nachrichtensendungen zu machen. Damit kann nicht nur die Öffentlichkeit, sondern auch die Entwicklung von Kriegen, also der weitere Verlauf von Kämpfen, beeinflusst werden. Diese Möglichkeiten sind neu. Dauerte es während der Kriege bis Anfang der achtziger Jahre des vergangenen Jahrhunderts oft noch Tage, um Kampfberichte in den Fernsehnachrichten auszustrahlen, so erfolgt dies heute oft in Echtzeit. Militärs können bei bestimmten militärischen Ereignissen die Rolle der Medien einplanen, weil der Fetisch der Aktualität Bewertungen in den Hintergrund treten lässt. Kriege und Angriffe werden heute meist zur vollen Stunde in der besten Sendezeit begonnen, um die mediale Wirkung nutzen zu können. Kein Wunder, dass Ziele vor allem im Aufnahmebereich von Kameras liegen. Damit wird sichergestellt, dass Kriege von Beginn an höchste Priorität in der Berichterstattung erhalten. In Folge entwickelt sich eine Art Ein-Punkt-Berichterstattung über den entsprechenden Konflikt. Wenn Öffentlichkeit – aber eben auch Redaktionen – dem Schein des Informiertseins erliegt, wurde das Ziel erreicht. Politiker machen sich diese Entwicklung zunutze. Konferenzen werden als Medienereignis inszeniert. Redaktionen verlegen ihre Arbeitsplätze in andere Erdteile, um den Schein der Aktualität zu steigern. Von Seiten der Redaktionen werden weder Aufwand noch Kosten gespart, selbst wenn andere Konflikte und Probleme in den Hintergrund gedrängt werden. Statt über diese zu berichten, werden die von Beamten des Protokolls geplanten Auftritte der Spitzenpolitiker übertragen, Speisekarten verlesen, lang zuvor von Ministerialbeamten der beteiligten Länder vorbereitete Presseerklärungen in Breaking News verbreitet und Politikererklärungen, die oft vielfach von Wahlkampfinteressen geprägt sind, als Verhandlungsergebnisse präsentiert. Diese Art der Medienberichterstattung verschlingt nicht nur Geld, das für die Darstellung anderer Themen fehlt, sondern trägt auch zum Verfall der Kultur einer unabhängigen Berichterstattung bei. Den Rezipientinnen und Rezipienten fehlen wichtige Informationen, um gesellschaftliche und politische Entwicklungen beurteilen zu können, in den Redaktionen wird der Selbstüberschätzung Vorschub geleistet und in der Politik kommt der Öffentlichkeit zunehmend die Bedeutung eines beeinfluss- und

damit berechen- oder sogar beherrschbaren Faktors zu. Dass sich die Berichterstattung bei derartigen Veränderungen dramatisch wandelt, liegt auf der Hand.

Diese allgemeinen Tendenzen können bei Darstellungen militärischer Konflikte oder gar der von Kriegen durch die Einbettung der Medien gesteigert werden. Dabei ist das »Embedding« nicht per se abzulehnen, bietet es doch Möglichkeiten, das Vorgehen von Soldaten aus der Nähe beobachten zu können. Sollten Berichte aus der Situation des Embeddings jedoch dominieren oder dieses detailliert vorbereitet sein, um Propaganda – also gewünschte Informationen – zu erzeugen (wie bei den deutschen Streitkräften im großen Gegensatz zu denen der USA), so dürfen entsprechende Möglichkeiten nur begrenzt genutzt werden.

Bücher von ehemaligen deutschen Afghanistan-Veteranen zeigen, mit welcher Präzision Medien in scheinbar zufällige Begebenheiten eingeplant werden. Das Bundesverteidigungsministerium hat beim Einsatzführungskommando in einer ehemaligen Luftkriegswehrschule der Wehrmacht Strukturen der Pressebeeinflussung entwickelt, die weltweit ihresgleichen suchen. Dies beginnt mit Versuchen, die Auswahl von Journalistinnen und Journalisten bei den einzelnen Medien zu beeinflussen und endet bei den Subventionen für die Medieneinsätze.

Wenn dann noch in Redaktionen ein entsprechendes Wohlwollen besteht, kommt es zu einer erfolgreichen Medienbeeinflussung. Diese zeigt sich auch in der Politiknähe von Redaktionen, die sich nicht nur in den mittlerweile üblichen Rochaden von Politikern und Journalisten, sondern auch in der in der Zeit nach dem Zweiten Weltkrieg bei großen Medien nicht üblichen Rücksichtnahme auf politische Interessen zeigt. (Auch der dramatische Rückgang von Enthüllungen über politische Skandale in den Medien könnte auf diese neue Kumpanei von Politik und Journaille zurückzuführen sein.)

Heute sind Redaktionen wesentlich weniger als in der Vergangenheit auf die Zuarbeit von Korrespondentinnen und Korrespondenten vor Ort angewiesen. Agenturen und Pressestäbe von Unternehmen, Verbänden, Behörden und Politikern überfluten Planer mit einer Menge von Material, das innerhalb von Minuten in eine sende- oder druckfertige Form gebracht werden kann und damit den Rang des Konkurrenzproduktes der von fernab hergestellten Eigenberichte erhält. Die Entwertung der Eigenproduktion ist bereits weit fortgeschritten. Verdeutlicht wird dies an der bereits angesprochenen Ähnlichkeit von Wort und Bild im Nachrichtenbereich.

Damit erhält die Berichterstattung von vor Ort zunehmend den Charakter des Beiwerks, das in einem redaktionszentrierten Programm genutzt wird, um diesem Exklusivität und den Schein der Authentizität zu verleihen. Besteht dieses doch weitgehend aus Politiker- und Experteninterviews, von in der Redaktion gefertigten Hintergrundberichten und geistreichen Einführungen der jeweiligen Moderatorinnen oder Moderatoren. Da ist der Schritt zur Inszenierung nicht mehr weit. Insbesondere, wenn die vor Ort Arbeitenden unter schlechten technischen Bedingungen im Dauereinsatz sind. Ein solcher Dauereinsatz blockiert die notwendige Recherche-Arbeit. Doch ein solches Defizit wird zunehmend weniger als störend empfunden, hilft es doch, Kosten zu sparen, und führt es zu keiner Störung des sich verselbstständigenden Redaktionsprozesses.

Unter diesen Rahmenbedingungen wird über die angestrebte Vollautomatisierung des Krieges nur noch am Rande berichtet. Selbst die Vereinten Nationen kritisieren manchmal nur noch indirekt, dass ein rechtsfreier Raum entsteht, wenn Roboter alles niederkämpfen sollen, was sich bewegt, wenn Rudel von Drohnen selbstständig Angriffsentscheidungen fällen werden und wenn nicht einmal mehr nachvollzogen werden kann, wer diese Waffen geschickt hat. Verbotsforderungen fehlen genauso wie Regelwerke, die den Einsatz begrenzen und den überbrachten Normen des Humanitären Völkerrechts und den Genfer Konventionen Geltung verschaffen.

Die Medien und vor allem die Friedensbewegung stehen vor Herausforderungen, deren Ausmaß unterschätzt wird. Es geht nicht nur darum, die unterschiedlichen Bedrohungen zu verstehen und aufzuzeigen, sondern die Zeit ist überfällig, ihrer Entwicklung Einhalt zu gebieten. Anders als beim Terror mit seinen asymmetrischen Kampfformen kommt die Bedrohung in diesem Fall aus den Zentren der industrialisierten Welt.

CHRISTIAN HUMBORG

Der Kampf gegen Korruption im digitalen Zeitalter

Warum wird Transparency International, die globale Koalition gegen Korruption, zu einer Tagung »Lost in Cyber Space – Schreiben gegen Krieg im Zeitalter digitaler Medien« eingeladen? Sicherlich spricht Transparency immer vom Kampf gegen Korruption, ein durchaus martialischer Begriff. In Malaysia sprach ein Minister vom Krieg gegen Korruption, der aus vielen einzelnen Kämpfen besteht, manche, die verloren werden, andere, die gewonnen werden.[1] In der angesehenen US-amerikanischen Zeitschrift *Foreign Affairs* fand sich ein Beitrag zum Krieg gegen Korruption.[2] Wäre der Krieg gegen Korruption ein gerechter Krieg?

Selbst wenn nur von Kampf gesprochen wird und nicht von Krieg, ab wann wird aus einem Kampf ein Vorkrieg? Und wann ist ein solcher Kampf berechtigt? Zunächst wird es um Korruption und ihre Folgen gehen und um die Legitimation eines solchen Kampfes. Dann wird sich der eigentlichen Überschrift der Tagung »Lost in Cyber Space?« zugewandt und auf die spezifischen Rahmenbedingungen des Kampfes gegen Korruption im digitalen Zeitalter eingegangen, da sich daraus konkrete Fragestellungen und Entwicklungen ergeben.

Der Korruptionsbegriff und die Berechtigung des Kampfes gegen Korruption

Transparency definiert Korruption als den Missbrauch anvertrauter Macht zum privaten Vorteil. Politikern wird die Macht von den Wählern anvertraut. Angestellten in der Wirtschaft wird die Macht von den Eigentümern anvertraut usw. Insofern geht der Korruptionsbegriff, den Transparency verwendet, über eine rein strafrechtliche Definition hinaus. Gleichzeitig ist Vorsicht geboten, dass nicht alles, was jemandem nicht passt, als Korruption bezeichnet wird.

---

1 Idris Jala. »It is not a fight but a war against corruption«. *the star online*, 02.07.2012. http://thestar.com.my/columnists/story.asp?file=/2012/7/2/columnists/transformationblues/11587768&sec=Transformation%20Blues (23.02.2013).
2 Ben W. Heineman Jr., Fritz Heimann. »The Long War Against Corruption«. *Foreign Affairs* 85 (2006), Mai/Juni, 75–86.

Besonders ärgerlich ist das Argument, Korruption gehöre in manchen Ländern einfach dazu. Dazu muss nur der nigerianische Vater gefragt werden, der mit seinem kranken Baby im Krankenhaus steht und dieses erst nach einem Schmiergeld behandelt wird, ob er diese sogenannte kulturelle Tradition gut findet. Oder die russische Mutter wird gefragt, die ein Schmiergeld zahlen soll, damit ihr Sohn an der Universität studieren kann. In Wirtschaftskreisen heißt es oft, dass ein bisschen schmieren hier und da nicht schlimm sei, da es manche Dinge einfacher mache oder beschleunige. Wirtschaft würde so effizienter. Das ist eine fatale, weil kurzfristige Annahme, bei der die Folgen und Schäden von Korruption völlig vergessen werden, denn die Allgemeinheit leidet unter den Folgen. Korruption führt zu unsinnigen Investitionsentscheidungen. Durch Korruption stehen finanzielle Mittel nicht da zur Verfügung, wo sie gebraucht werden. Aber Korruption führt nicht nur zu wirtschaftlichen Schäden. Die schlimmste Folge der Korruption ist der Vertrauensverlust: das Vertrauen in faire wirtschaftliche Rahmenbedingungen, das Vertrauen, dass jeder die gleiche Chance im politischen Wettbewerb hat, gehört zu werden, und dass das nicht von Parteispenden oder anderen Vorteilen abhängt. Daher war die Klage des ehemaligen Bundespräsidenten Wulff so fatal, dass man als Ministerpräsident keine Freunde mehr haben dürfe.[3]

Natürlich darf auch ein Ministerpräsident oder ein Bundespräsident Freunde haben, aber dann kann er nicht mehr sie betreffende dienstliche bzw. berufliche Entscheidungen treffen. Dass diese Sphären getrennt gehören, hat Wulff bis zum Ende offensichtlich nicht verstanden. Nicht alle Interessenkonflikte lassen sich immer vermeiden. Darf ein Bundestagsabgeordneter, der Vater ist, nicht mehr über die Höhe des Kindergelds abstimmen? Das wäre unsinnig. Dürfen Parteien überhaupt keine Spenden mehr annehmen? Auch davon rät Transparency ab. Natürlich gibt es manche Interessenkonflikte, die so gravierend sind, dass sie komplett ausgeschlossen werden müssen, aber meist hilft ein viel besserer, niedrigschwelligerer Mechanismus und der lautet Transparenz. Meist reicht es, wenn die Beteiligten wissen, welchen Interessen andere an der Entscheidung beteiligte Akteure ausgesetzt sind.

Transparenz als Instrument der Machtkontrolle

Die technologische Entwicklung des Internets hat dazu geführt, dass die Transaktionskosten der Transparenz quasi gegen Null gefallen sind. Die praktische Umset-

---

3 »Dokumentation – Das gesamte Wulff-Interview in Video und Wortlaut«. *Spiegel Online*, 2012. http://www.spiegel.de/politik/deutschland/dokumentation-das-gesamte-wulff-interview-in-video-und-wortlaut-a-807232.html (23.02.2013).

zung von Transparenz war in den Zeiten vor dem Internet oftmals ein gewichtiges Argument, warum es keine Transparenz gab. Zu Gemeinderatssitzungen wurde im Amtsblatt eingeladen. Das Protokoll der Gemeinderatssitzung lag auf dem Rathaus zur Einsichtnahme aus. Das Internet ist damit ein wesentlicher Grund, warum die Forderung nach Transparenz im politischen Diskurs so populär geworden ist. In den 1960er Jahren lautete die Forderung »Öffentlichkeit«,[4] und es ist umstritten, was das Neue bzw. Andere der Transparenz gegenüber dem Begriff der Öffentlichkeit ist, aber eines ist unbestritten: Öffentlichkeit war früher viel schwieriger zu organisieren; Transparenz ist heute einfach zu organisieren.

Die Strafverfolgung der Korruption

Mit dem Computer und dem Internet haben sich neue Herausforderungen im Bereich der Korruptionsbekämpfung gestellt. Bei einer Bestechungshandlung gibt es aus juristischer Perspektive den Bestochenen, den Bestecher und die Unrechtsvereinbarung. Diese sogenannte Unrechtsvereinbarung, die Leistung und Gegenleistung verknüpft, ist es, was die Staatsanwälte zu ermitteln suchen, um die Beschuldigten hinter Schloss und Riegel zu bringen. Ein wesentliches Instrument war stets die Durchsuchung und Beschlagnahmung von Akten, um Hinweise auf eine solche Unrechtsvereinbarung zu finden. Für lokale Computer und Festplatten gilt dies gleichermaßen. Aber wie sieht es mit Netzwerken aus oder sogar beim Cloud Computing, dem neuesten Trend und erhofften Gewinntreiber zahlreicher IT- und Softwareunternehmen? Im Strafprozessrecht wird vom »Ideal der Aktenablage in Papier, die in der Wohnung oder in den Geschäftsräumen des Betroffenen lagern«,[5] ausgegangen. Demnach sind körperliche Gegenstände Gegenstand der Ermittlungen. Wenn sich die Daten, für die sich die Strafverfolgungsbehörden interessieren, in einem Computernetz finden und eben nicht lokal abgespeichert sind, stellt sich die Frage des Zugangs zu dieser virtuellen Umgebung. Grundsätzlich hat der Gesetzgeber bereits auf die Einführung der dezentralen Datenspeicherung reagiert, als er einen neuen dritten Absatz von §110 StPO ergänzte, der auch den Zugriff auf externe Speichermedien eröffnet.[6] Der Absatz lautet:

4   Tero Erkkilä. »Transparency and Nordic Openness – State Traditions and New Governance Ideas in Finland«. Stephan A. Jansen, Eckhard Schröter, Nico Stehr (Hgg.). *Transparenz – Multidisziplinäre Durchsichten durch Phänomene und Theorien des Undurchsichtigen.* Wiesbaden 2010, 348–372.
5   Nils Obenhaus. »Cloud Computing als neue Herausforderung für Strafverfolgungsbehörden und Rechtsanwaltschaft«. *Neue Juristische Wochenschrift* 63 (2019), 10, 651.
6   Ibid., 651f.

> Die Durchsicht eines elektronischen Speichermediums bei dem von der Durchsuchung Betroffenen darf auch auf hiervon räumlich getrennte Speichermedien, soweit auf sie von dem Speichermedium aus zugegriffen werden kann, erstreckt werden, wenn andernfalls der Verlust der gesuchten Daten zu besorgen ist.

Wie sieht die Anwendung im konkreten Fall aus? Als Beispiel soll ein multinationales Unternehmen dienen, das einen IT-Dienstleister verpflichtet, der die Speicherung von Daten für das Unternehmen vornimmt. Wesentlich ist, in welchem Land dieser IT-Dienstleister sitzt und wo die Daten tatsächlich liegen. Es macht einen Unterschied, ob das Unternehmen in der EU, den USA, oder einem afrikanischen oder mittelamerikanischen Land sitzt.

Aber was ist, wenn die externen Speichermedien passwortgeschützt sind?

> Die Herausgabe von Zugangsberechtigungen durch den Beschuldigten ist [...] rechtlich nicht durchsetzbar. [...] Ebenso verhält es sich bei einem Betroffenen, der zur Zeugnisverweigerung befugt ist. Bei der Herausgabe von Zugangskennwörtern handelt es sich um die Abgabe einer Wissenserklärung, die verweigert werden kann.[7]

Die Strafverfolgungsbehörden können durchaus versuchen, die Zugangsberechtigungen zu ›knacken‹. Dies ist mit dem gewaltsamen Öffnen eines Tresors vergleichbar und grundsätzlich zulässig.[8] Wenn der Beamte also Zugriff erlangt hat und festgestellt hat, dass sich potenziell beweiserhebliche Daten auf dem externen Speichermedium befinden, muss er dem Inhaber des externen Speichermediums Kenntnis von der Maßnahme verschaffen.[9] Wenn dieser Inhaber im Ausland sitzt, kann es Probleme geben, denn wenn es keine Mitteilung gibt, ist die Durchsuchung nicht durch die Strafprozessordnung gedeckt. In jedem Fall muss der Serverstandort ermittelt werden. In der Praxis ist die Ermittlung des Serverstandortes aber oft nicht leicht bzw. mitunter gar nicht möglich.[10] Wenn der Standort zu ermitteln ist, müssen die Behörden des entsprechenden Landes kontaktiert werden. Da die deutschen Strafverfolgungsbehörden nach Völkerrecht hoheitliche Maßnahmen nur auf dem eigenen Staatsgebiet vornehmen dürfen, müssen sie den ausländischen Staat um Rechtshilfe bitten.[11] Die Erfahrungen mit Rechtshilfe außerhalb der EU zeigen, dass es oft sehr lange dauert. Kurzum, korrupte Täter können, wenn sie es bewusst planen, leicht ihre Spuren verwischen.

---

7 Ibid., 652f.
8 Ibid., 653.
9 Ibid., 653.
10 Ibid., 653.
11 Ibid., 654.

Exkurs: Das Spannungsfeld von Korruptionsbekämpfung und Datenschutz

Der *USA Patriot Act*, Teil der sogenannten Antiterrorgesetzgebung der USA, ermöglicht den US-amerikanischen Strafverfolgungsbehörden den Datenzugriff bei US-amerikanischen Unternehmen, bei allen Tochterunternehmen US-amerikanischer Unternehmen, bei allen US-amerikanischen IT-Dienstleistern und überhaupt allen Unternehmen, die ein anderes Unternehmen im Bereich der Datenverarbeitung nutzen. Damit sind zum Beispiel auch die deutschen Töchter von Amazon, Google und Microsoft dem *USA Patriot Act* unterworfen, ebenso die *BBC*, da sie ein Tochterunternehmen in den USA hat, oder jedes deutsche Unternehmen, das Microsoft-Produkte nutzt.

Der Konflikt zwischen Korruptionsbekämpfung und Datenschutz ist häufig anzutreffen. Auf der einen Seite ist Korruption zu bekämpfen und Strafverfolgungsbehörden oder anderen Akteuren die Prävention und Bekämpfung zu ermöglichen. Aber dies kann mit individuellen Freiheitsrechten konfligieren.

Dieser Konflikt trat beispielsweise vor einigen Jahren bei der Deutschen Bahn auf. Es wurde bekannt, dass die Deutsche Bahn seit 1998 insgesamt dreimal ihre Mitarbeiter sogenannten Massen-Screenings unterzogen hat. Ziel war es aufzudecken, ob sich Bahnmitarbeiter über Scheinfirmen selbst lukrative Aufträge zuschanzten. Dazu wurden unter anderem die Kontonummern der Mitarbeiter mit den Kontonummern von Auftragnehmern der Bahn verglichen. Dabei wurde gegen verschiedene Gesetze verstoßen, was dazu geeignet war, der Korruptionsbekämpfung und ihrer Akzeptanz zu schaden. Die Einhaltung des gesetzlichen Rahmens, die Einbindung der Belegschaft und ein vertrauensvolles Klima im Betrieb sind essentielle Voraussetzungen einer glaubwürdigen Korruptionsprävention.

Neue Möglichkeiten der Kleptokraten

Das Dilemma, dass auf der einen Seite die Daten der Bürgerinnen und Bürger vor dem Zugriff von Staat und Multinationals zu schützen sind, aber gleichzeitig dieser Schutz von korrupten Kleptokraten – Staatschefs, die ihre Staatskasse plündern – ausgenutzt werden kann, ist kaum zu vermeiden. Mit diesem Zwiespalt muss jeder freiheitliche Staat umgehen.

Bekannte Kleptokraten sind Mobutu Sese Seko (Zaire), Mohamed Suharto (Indonesien), Ferdinand Marcos (Philipinen), Jean-Claude Duvalier (Haiti), Alberto Fujimori (Peru), Sani Abacha (Nigeria), Slobodan Milosevic (Jugoslawien/Serbien)[12], Hosni Mubarak (Ägypten), Ben Ali (Tunesien) und Teodoro Obiang

---

12 Robin Hodess. »Introduction«. Transparency International (Hg.). *Global Corruption Report 2004*. London, Sterling 2004, 13.

(Äquatorial-Guinea). Dies sind alles Personen, die sich in erheblichem Umfang am Vermögen ihrer jeweiligen Länder unrechtmäßig bereichert haben. Meist profitieren noch heute ihre Familienmitglieder von den Untaten ihrer Vorfahren.

Durch die Kleptokraten wird deutlich, dass es bei umfangreicher Korruption neben den zwei Akteuren, dem Bestecher und dem Bestochenen, einen dritten Akteur geben muss, den Geldverstecker. Einnahmen aus Korruption sind illegal, werden nicht versteuert und müssen versteckt werden. Hier spielen die Steueroasen bzw. Schattenfinanzzentren eine ganz zentrale Rolle. Ohne ihre Mitwirkung wäre der Diebstahl des Eigentums der Bevölkerung nicht möglich. Mit dem digitalen Zeitalter und der Umstellung von Finanztransaktionen von Papier auf Computer ergibt sich eine zweischneidige Entwicklung.

Zunächst erleichtert die Umstellung die Nachverfolgbarkeit von Geldströmen und die Prävention der Geldwäsche, denn jede Transaktion ist elektronisch unterlegt und in der Regel schwieriger zu verbergen als ein einfacher Papierbeleg. Die »Better than Cash Alliance« setzt sich dafür ein, dass der gesamte Zahlungsverkehr elektronisch durchgeführt wird, also dass das Bargeld abgeschafft wird. Danach könnten in Deutschland Immobilien nur noch mit Überweisung gekauft werden, Schwarzarbeit würde erschwert und der Chipkauf in Casinos mit Bargeld wäre nicht mehr möglich. So würden einige Fehlentwicklungen verhindert und Transaktionen für Strafverfolgungsbehörden leichter nachzuvollziehen.

Aber gleichzeitig wird durch die elektronische Abwicklung des Zahlungsverkehrs die Verschiebung von Geld erheblich erleichtert. Wenn Geld illegal von A nach B geschafft werden soll, muss dies nicht mehr mit einem Koffer geschehen, in dem das Geld geschmuggelt wird. Durch Nummernkonten und durch Konten in Schattenfinanzzentren kann Geld leichter als früher gewaschen und transferiert werden. Bis die Strafverfolgungsbehörden dahinter gekommen sind, wer der tatsächliche Eigentümer eines Kontos ist, ist das Geld verschwunden oder der Name läuft ins Leere, weil zum Beispiel ein Strohmann oder der Name von Verstorbenen eingesetzt wird. Wenn Korruption im digitalen Zeitalter effektiv bekämpft werden soll, muss ein Hauptaugenmerk den Steueroasen bzw. Schattenfinanzzentren gelten. Vor diesem Hintergrund ist die Ablehnung des deutsch-schweizerischen Steuerabkommens durch den Bundesrat absolut richtig, denn sonst würde ein Zustand festgeschrieben, wonach sich Eigentümer von Konten hinter dem Schleier der Anonymität verbergen können.

Whistleblower und Wikileaks

Auch Wikileaks hatte sich in seiner Frühphase mit Schattenfinanzzentren befasst. Im Februar 2008 hatte Wikileaks Unterlagen der Julius Bär Bank Filiale auf den Cayman Islands veröffentlicht, die ihnen zugespielt worden waren.[13] Die Daten stammten von Rudolf Elmer, einem ehemaligen Manager der Schweizer Privatbank. Seine Motivation war es, dass die Schweizer Finanzwelt ehrlicher, moralischer und ethischer wird. Das sogenante Elmer-Dossier machte deutlich, welche Rolle die Bank in einem größeren Schattenfinanzzentrum, den Cayman Islands, spielt. Aufsehen erregte, als sich das Bankhaus Julius Bär gerichtlich gegen die Veröffentlichung wehrte und die Abschaltung der Website Wikileaks vor kalifornischen Gerichten verlangte. Solch ein gerichtlicher Showdown – große Schweizer Bank gegen kleine noch unbekannte Website – war ein gefundenes Fressen für die Medien. Nach zwei Wochen kapitulierten erst der Richter Jeffrey White und dann Julius Bär vor der Wucht der berechtigten öffentlichen Empörung, hier die Meinungsfreiheit unangemessen einschränken zu wollen. Am 5. März 2008 zog Julius Bär seine Klage zurück, ohne Begründung. Der Wert der Aktien von Julius Bär war während des juristischen Streits um 4,8 % gefallen. Im Rahmen des Gerichtsverfahrens stellte Daniel Mathews, damals noch bei Wikileaks beteiligt, fest: »Die Ironie an diesem Fall ist, dass ausgerechnet eine Schweizer Bank behauptet, sie sei schockiert, dass WikiLeaks seinen Quellen Anonymität garantiert.«[14] Erst durch die Klage wurden die Julius-Bär-Dokumente wirklich bekannt. »Es ist ein Paradebeispiel für den sogenannten Streisand-Effekt, bei dem durch das Bemühen, eine Information zu unterdrücken, genau das Gegenteil eintritt.«[15]

> Der Name geht auf eine Klage der Schauspielerin Barbara Streisand zurück, die einen Fotografen und eine Website 2003 verklagt hatte, weil ein Foto ihres Anwesens darauf abgebildet war. Erst durch ihre Klage wurde bekannt, dass es sich um ihr Haus handelte, worauf sich das Bild in Windeseile im Netz verbreitete.[16]

Natürlich ist Wikileaks nicht der einzige Ort, an den anonym Informationen zur Veröffentlichung geschickt werden können. Es gibt weitere unzählige Beispiele von Personen, die in Organisationen gravierendes Fehlverhalten entdecken, Dokumente dazu an die Medien oder die Strafverfolgungsbehörden weitergeben und

---

13 Vgl. Marcel Rosenbach, Holger Stark. *Staatsfeind Wikileaks – Wie eine Gruppe von Netzaktivisten die mächtigsten Nationen der Welt herausfordert.* München 2011, 89ff.
14 Ibid., 91.
15 Ibid., 92.
16 Ibid., 324, Anm. 52.

dafür mitunter mit erheblichen Konsequenzen rechnen müssen. Jede Korruptionshandlung geschieht im Einvernehmen von Bestecher und Bestochenen. Es gibt daher kein Opfer. Tatsächlich ist die Allgemeinheit Opfer. Daher ist es so schwierig, von der Bestechungshandlung zu erfahren. Anders ist dies zum Beispiel bei einem Überfall oder einem Mord, bei dem es ein Opfer und eine Familie des Opfers gibt, die auf Aufklärung drängen. Whistleblower sind sehr wichtig und schützenswert. Leider sind in Deutschland die gesetzlichen Rahmenbedingungen, die solche Whistleblower schützen sollten, völlig unzureichend. Das muss dringend geändert werden.

Kurz nach der Auseinandersetzung mit Julius Bär wurde Julian Assange zur internationalen Antikorruptionskonferenz von Transparency International eingeladen, die alle zwei Jahr stattfindet. Am 1. November 2008 fand der Workshop mit rund fünfzig Zuhörern in Athen statt. Die Vermutungen über das Potenzial von Wikileaks bestätigten sich, und es kam zu Diskussionen über Wikileaks, Transparenz und die Mächtigen der Welt. Schon damals kam die Frage auf, ob Wikileaks selbst transparent und Vorbild sein muss oder ob Wikileaks die Instrumente seiner Gegner nutzen darf, also so, wie diese über Briefkastenfirmen verschleiern, wem sie gehören, verschleiern, wo die Site gehostet wird und wer sie betreibt. Sicherlich hat Wikileaks enorm von der Aura des Geheimen profitiert. Das, was Wikileaks geleistet hat, wäre nicht möglich gewesen, wenn die Organisation und ihre technische Infrastruktur vollkommen transparent gewesen wären. Wikileaks hat einiges erreicht. Gerade die ersten Veröffentlichungen, Leaks genannt, betrafen oft Länder, in denen es kaum unabhängige Presse gibt. Alles, was Wikileaks anbot, war ein gut gesicherter elektronischer Briefkasten. »Der Prozess, der abläuft, sobald ein Informant den Einsendeknopf auf der Website anklickt, ist komplex. Die Einsendungen werden verschlüsselt über zahllose Computer quer durch die ganze Welt geleitet, zum Teil mit der Tor-Technologie.«[17] Früher konnten Personen Dokumente anonym an den *Spiegel* in Hamburg schicken und Eliten kannten Journalisten, zu denen sie Vertrauen fassten. Mit Wikileaks war ein neuer Kanal hinzugekommen. Es ist strittig, ob ein solcher neuer Kanal in Deutschland oder den USA notwendig ist oder die traditionellen Kanäle ausreichen. Unzweifelhaft ist es in einer globalisierten Welt ein Fortschritt, dass Whistleblower, also Personen, die auf Fehlverhalten hinweisen, die Möglichkeit haben, ihre Informationen zur Veröffentlichung zu bringen. Letztlich war der Erfolg von Wikileaks auch ein Armutszeugnis für die traditionellen Medien, die genauso einen elektronischen Briefkasten hätten anbieten können, bei dem eine Nachverfolgung derer, die etwas einsenden, ausgeschlossen wird. Aber ein weiterer wichtiger Faktor führte zum Erfolg von Wikileaks: die Radikalität des Transparenzanspruches. Jeder Journalist, der Informationen erhält,

17 Ibid., 83.

wägt ab, ob er sie veröffentlicht. Er fragt beispielsweise, ob es eine zweite Quelle gibt. Weiterhin fragt sich ein verantwortlicher Journalist, ob das öffentliche Interesse überwiegt oder ob das Persönlichkeitsrecht dessen, über den berichtet werden soll, überwiegt. Darf ein Lokalblatt über die Eheprobleme des Bürgermeisters schreiben, wenn die Gattin stets im Hintergrund blieb und nicht in Erscheinung trat? Was aber, wenn der Politiker nebst Gattin auf den Wahlplakaten zu sehen war, um mit dem Bild einer heilen Familie um Stimmen zu buhlen? Eine solche Abwägung war bei Wikileaks nicht vorgesehen. Julian Assange war ein Verfechter totaler Transparenz. Auch deshalb wurde Julian Assange in einem Kommentar von *Süddeutsche*-Chefredakteur Kurt Kister als »Indeskretin« bezeichnet.[18]

Nach wie vor sitzt der US-Soldat Bradley Manning in den USA im Gefängnis. Er wird beschuldigt, eins der jüngeren Dokumentenbündel an Wikileaks gegeben zu haben.[19] Bis vor einiger Zeit saß er in einer Zelle unter menschenunwürdigen Bedingungen. Dies zeigt, wie schwer es die USA getroffen hat, dass ein Großteil der Cables, also der Kommunikation zwischen US-Botschaften und dem State Department,[20] veröffentlicht wurde. Es wurde eine Anweisung von US-Außenministerin Hillary Clinton veröffentlicht, in der sie die US-Diplomaten bei den Vereinten Nationen auffordert, biometrische Informationen anderer UN-Beamter zu sammeln.[21]

Beim Vergleich der Wikileaks-Enthüllungen zwischen den Jahren 2007 und 2011 ist die Schlussfolgerung ernüchternd. Es war nicht allein die politische Bedeutung der enthüllten Sachverhalte, die für Aufmerksamkeit sorgte, sondern auch die Prominenz der Enthüller und der betroffenen Länder. Als Wikileaks anfing, wurden wichtigen Enthüllungen wenig Beachtung geschenkt. Nur wenige wissen von den Dokumenten über die Verantwortlichkeiten für die Unruhen im Umfeld der Wahlen in Kenia.[22]

Transparenz und Veranwortung

Die unterschiedliche Wahrnehmung der von Wikileaks veröffentlichten Dokumente zeigt, dass Transparenz allein im Zeitalter des Internets nicht ausreicht. Wenn

18 Kurt Kister. »Totale Öffentlichkeit – Ein Kommentar«. *Süddeutsche Zeitung*, 04.12.2010, 4.
19 Paul Harris. »Protests mark WikiLeaks suspect Bradley Manning's 1,000th day in jail«. *the guardian*, 2013. www.guardian.co.uk/world/2013/feb/23/wikileaks-suspect-bradley-manning-1000-jail (24.2.2013).
20 Vgl. David Leigh, Luke Harding. *Inside Julian Assange's War on Secrecy*. London 2011, 211f.
21 Ibid., 213f.
22 Julian Assange. *The Unauthorised Biography*. Edinburgh 2011, 148ff.

alles online, transparent ist, dann besteht die Gefahr, dass es »lost in cyberspace« ist. Erstens sind Akteure nötig, die mit den Informationen arbeiten. Zweitens müssen sie die Informationen kontextualisieren. Drittens müssen sie Aufmerksamkeit erreichen können. Die Kraft der Transparenz und des Cyberspace kann sich nur unter den genannten Bedingungen entwickeln. Dies heißt nicht, dass Forderungen nach mehr Transparenz unberechtigt sind. Informationen zu den Mächtigen der Welt gehören veröffentlicht, und das Netz spielt dabei eine ganz wesentliche Rolle. Aber auch kompetente Akteure sind notwendig, Personen und vor allem Organisationen, die diesen Kampf gegen Korruption führen. Das Internet oder der Cyberspace ist nicht gut oder schlecht. Das Internet kann von den Mächtigen, die die Schwachen kontrollieren wollen, genutzt werden, aber auch von denen, die den Mächtigen auf die Finger schauen und hauen wollen. Das Spielfeld hat sich verändert, die Instrumente haben sich verändert und daher ist es wichtig, mitzugehen und mitzumachen, wenn eine etwas bessere Welt erreicht werden soll.

Matthias Politycki

Echte Literatur entsteht offline
Schreiben im Zeitalter digitaler Medien

Schon der Titel dieser Tagung – »Lost in Cyberspace. Schreiben gegen Krieg im Zeitalter digitaler Medien« – fordert zum Bebrüten fast sämtlicher Worte der gewählten Formulierung auf. Was sich so süffig liest, zerfällt bei näherer Betrachtung in mindestens zwei Tagungen; bedenkt man die Sache Wort für Wort, so kommen aus dem Tagungsthema, nach Art der russischen Matroschka-Puppen, weitere und immer weitere Themen hervor. Mit einem Knaller geht es gleich los: »Lost in Cyberspace« – wieso »lost«? Die Boom-Jahre des Netzes liegen hinter uns und die damit verbundene Euphorie der Nutzer; meine Pressefrau hat mich zu Beginn des Jahres mit einem Anruf überrascht anstelle eines Mails, um dann auch gleich 2013 zum Jahr des Telephonanrufs zu erklären! Immer mehr Leute kabeln sich ab, zumindest vorübergehend, verstecken sich vor der anbrandenden Flut an Mails im Offline, besinnen sich und kehren zum direkten Gesprächsaustausch zurück. Jedenfalls was die intellektuelle Avantgarde betrifft; der Rest der Bevölkerung wird demnächst mit Stöpsel im Ohr geboren – eigentlich kein Wunder, daß wir uns nicht nur im Hinblick auf, zum Beispiel, Ernährung oder Ausbildung, sondern eben auch im Hinblick auf unsere Nutzung des Netzes zu einer Zweiklassengesellschaft entwickeln.

Undsoweiterundsofort. Selbst wenn ich mich der Formulierung meines eigenen Vortragsthemas zuwende, könnte ich sogleich innehalten, drauflosspekulieren, infrage stellen, so vielfältig sind auch hier die Anknüpfungspunkte, die die Schlüsselbegriffe bieten. Es hilft nichts, der Cyberspace ist ein weites Feld, man muß sich entscheiden. Ich habe mich also entschieden, im folgenden den Teilaspekt »Literarisches Schreiben im Zeitalter digitaler Medien« zu untersuchen, wobei ich die Herausforderung der »digitalen Medien« für den Schriftsteller nicht erst in der Omnipräsenz des Cyberspace sehe, sondern … nunja, dazu komme ich ja gleich. Mein Thema läuft mehr oder weniger auf die Frage hinaus, wie es um die Authentizität von Literatur bestellt ist, sofern sie digital wird, bzw. inwiefern das Digitale vielleicht eine neue Form an Authentizität ermöglicht.

*

Merkwürdig: Wann immer ich einen Beitrag für eine Zeitung geschrieben habe, kann ich mich mit einem Blick auf deren Online-Ausgabe nicht zufriedengeben; ich glaube erst an die Veröffentlichung, wenn ich auch ein gedrucktes Exemplar in Händen halte. Alles, was im Internet steht, so meine Überzeugung mittlerweile, ist latent unglaubwürdig oder fragwürdig, es könnte immer auch eine Fälschung sein oder zumindest nur die Teilwahrheit. Dabei bin ich seit 1997 systematisch internetaffinisiert worden, zunächst von *Aspekte*, das mich für sein Projekt »Novel in Progress« auf der ZDF-Seite erst mal entsprechend verkabeln mußte – ein existentieller Schock, von dem sich jedenfalls mein Füller nie mehr erholt hat. Darüber wie über das, was dann nolens volens folgte, habe ich mich andernorts ausführlich geäußert; ich will hier nur kurz erwähnen, daß ich meine Website, nämlich eine eigene Domain und die gestaltete Startseite, zu Weihnachten 2003 von meiner Frau geschenkt bekam: ein nachgerade kathartisches Erschrecken bei der Bescherung. Und in den Tagen danach ein anhaltendes Brüten, was der Besitz einer Website alles nach sich ziehen und mir den Rest meines Lebens an Last des Kümmerns und Aktualisierens und überhaupt an Totaldigitalisierung bescheren und wie das mit meiner Vorstellung vom Schriftstellerleben überhaupt zusammenpassen würde: Der Autor als Zeugwart, davon hatte ich als Schüler nicht geträumt; die eigene Website als digitaler Grabstein war auch nicht gerade das, was ich den Rest meines Lebens als »Work in Progress« betreiben wollte.

Mittlerweile habe ich, um dem eigendynamischen Totalitarismus einer Website Genüge zu leisten, tüchtig Webspace dazugekauft; Buch für Buch galt es Neues umzusetzen, von Flash-Animationen, Musik- und Filmbeigaben für den Roman *Herr der Hörner* über interaktive Landkarten bei *In 180 Tagen um die Welt* bis hin zu einem nach allen Regeln des Hollywood-Films gemachten Trailer, der 2009 für die *Jenseitsnovelle* dazugekommen ist – ich bin gespannt, wie das alles noch weitergeht und wo es endet, wenn's denn je ein Ende finden kann. Natürlich ist mir bei alldem auch Altvertrautes verloren gegangen – die mit zahlreichen Ritualen umrankte und mächtig mit Aura aufgeladene Handschriftlichkeit der Erstniederschrift; die damit einhergehende Schriftstellerexistenz alten Stils, die man zumindest in Deutschland gern für genial hält, sofern sie nicht nur mit Tinte sondern auch mit einem gerüttelt Maß an Tiefsinn verbunden ist –, aber ich bedaure das keineswegs, schließlich hat sich etwas an seine Stelle gesetzt, das mir mehr bedeutete: die arbeitsluststimulierende Ästhetik eines Mac-Bildschirms; die Fülle an unterstützenden Software-Funktionen, die Werke von weit höherer Komplexität ermöglicht, als wir sie mithilfe unseres Gedächtnisses und einer Unzahl an Erinnerungszetteln je gestalten könnten; die Ubiquität einer Autorenexistenz, die mit ihrer Online-Präsenz überall auf der Welt nur einen einzigen Mausklick entfernt scheint, hinter ihrem virtuellen Schirm den Menschen gleichen Namens jedoch bestens verbirgt, in einem ungreifbaren Offline, perfekter als es ein Elfenbeinturm je konnte.

Die Widerständigkeit des Blattes Papier, von der Nostalgiker im Hinblick auf literarische Authentizität noch heute schwärmen, wird, so meine Erfahrung, von der Widerständigkeit der Rechner weit übertroffen. Selbst in der Digitalisierung unserer gesamten Bibliotheksbestände, sofern die Lizenzfragen anständig geklärt sind, sehe ich kein grundsätzliches Problem – außer dem vielleicht, daß wir mit unserer Literatur trotzdem verschwinden werden, sofern uns der Falsche digitalisiert.

Schon die *Idee* des Digitalen verändert die Erscheinungsform der Literatur. Das heißt aber nicht, daß der Webdesigner als Nachfolger des Buchherstellers nicht auch mal an die Grenzen seines Könnens geraten könnte: Dann nämlich, wenn ein experimenteller Autor zum ersten Mal das Spezifikum des neuen Mediums erkennt und es gezielt in seinem Text bespielt. Ich rede nicht von Hyperlinks, interaktiven Modulen oder ähnlichen Mitspielangeboten, die immer vom User her gedacht werden; ich habe das Gefühl, daß es viel einfacher sein müßte, zum Beispiel wie das Springen eines Textes von Vorder- auf Rückseiten, und dadurch auch viel zu naheliegend, als daß man so schnell draufkäme. Erst wenn auch die sogenannte Hochliteratur im Digitalen Erzählformen entwickelt, die *nur* dort funktionieren, wird sie in ihrem neuen Medium als einem neuen Zuhause angekommen sein; bis dahin ist sie nur Gast, der in einer futuristisch ausstaffierten Herberge trotz aller Zuwendung, die er dort seit neuestem auch von den Verlagen erfährt, noch immer notorisch fremdelt.

Ob Literatur dann freilich noch Literatur sein oder wenigstens heißen oder ob sie in einer neuen eigenständigen Kunstform aufgehen wird, darüber will ich heute noch keine Krokodilstränen vergießen. Um es an dieser Stelle unmißverständlich zu sagen: Ich bin froh, daß ich mir meine altmodisch anmutenden Sehnsüchte rund um das gute alte Buch bewahrt habe – wir globalisierten Deutschen haben ja nicht mehr viel Eigenes als unsre Sehnsucht. Aber gleichzeitig bin ich ebenso froh, zwangsmodernisiert worden zu sein. Und also *nicht* dem Chor derer anzugehören, die bei jeder neuen Gestaltungs- oder Vermittlungsmöglichkeit von Texten nach demselben Muster reagieren: »Hat Literatur das denn nötig?« Nein, kann man auf diesen reflexhaften Tadel denn auch nur mit immergleicher Sturheit entgegnen: Literatur hat es vielleicht nicht *nötig*, auf CD oder als e-book zu erscheinen oder im Internet per Film-Trailer für sich zu werben. Aber sie kann es sich *leisten*!

Es kommt ja darauf an – Achtung, These –, die digitalen Medien und ihre Möglichkeiten mit einer der Literatur angemessenen Würde zu nutzen, und nicht etwa der Hysterie des Zeitgeists zu verfallen, dem jedes neue Mittel recht ist, sofern es nur ordentlich Aufmerksamkeit erzeugt. Lassen wir die Würde der Literatur noch einen Absatz hintan; was die Würde ihres Mediums bedeutet, wurde mir schon vor Jahr und Tag im Gewimmel des Münchner Apple-Stores schlagartig klar. Das Gewimmel galt den brandneuen iPads, die dort zu Dutzenden einluden, sie auszuprobieren, und es waren Kinder, die sich darum rissen, die nächsten zu sein. Neben den professionell seriösen MacBooks sahen die iPads wie animierte Schiefertafeln aus, wie HiTech-Spielzeug für kleine Jungs und Männer, die in ihrem Herzen kleine Jungs geblieben waren. Darauf einen Roman zu lesen würde auf mich leider

immer so wirken, als studiere man auf seiner HiTech-Schiefertafel eifrig Erstkläß-
lersätze; der mögliche Imagegewinn unter Mac-Freaks, die Praktikabilität und wer
weiß, was vom genialen Touch-Screen bis zum bequemen Transport ganzer Biblio-
theken sonst noch zugunsten des iPad ins Feld zu führen ist, wäre mir kein adäquater Ersatz für das, was mit der Würde des herkömmlichen Mediums verlorengeht.

Denn das Buch, sofern es hochwertig produziert und gestaltet ist, strahlt auch
heute noch etwas eminent Erwachsenes aus. Die zentrale Frage muß also lauten:
Wie könnte man in Zukunft eine gleichwertige Würde auch mit dem e-book erzie-
len, idealerweise auf eine solch unaufgeregt selbstverständliche Weise wie mit dem
Buch? Die Frage zielt natürlich nicht nur auf die Hardware, ob iPad, Kindle oder
welches Lesegerät immer, sondern auch auf eine zukünftige Literatur, die zu diesen
Lesegeräten besser – nämlich ohne jede zwischengeschobene Umformatierung –
paßt als die bisherige. Der Weg führt von der Literatur im Netz zu einer genuinen
Netzliteratur (oder wie diese neue Kunstform dann heißen wird), die es in dieser
Weise auch nur dort geben kann und die folglich eine Symbiose mit den Lesegerä-
ten eingehen könnte, die wieder ganz selbstverständlich und würdevoll erscheint.

Um mein Anliegen, die Frage nach der Würde des Mediums, besser verstehen
zu können, ist es vielleicht hilfreich, einen kleinen Exkurs einzuschieben, einen
Exkurs über die grundsätzliche Wesensverschiedenheit von Autor und Schriftsteller:

Abgesehen vom herrschenden Sprachgebrauch, der jeden als Autor bezeichnet,
der etwas Gedrucktes vorzuweisen hat, läßt sich mit dieser – zugegeben willkür-
lichen – Begriffsunterscheidung zumindest ansatzweise demonstrieren, was den
Schriftsteller von allen anderen unterscheidet, die gleichfalls Bücher produzieren:
Es ist die Getriebenheit seines Tuns, die ihn ein Leben lang in die Pflicht nimmt,
das rigoristische Erzählen-*Müssen*, das jede seiner ästhetischen Bemühungen auch
zu einer moralischen macht – schließlich ist diese Mission in eigener Sache nur
gegen mannigfaltige Widerstände durchzusetzen, ist sein Eigensinn zutiefst mit
einer Haltung verbunden, die sich bei vielerlei Gelegenheit in seinen Texten wi-
derspiegelt.

Eben dies Unfreiwillige seines Schreibens verleiht dem Schriftsteller eine Glaubwürdigkeit, die ihn im Lauf seines Lebens zu einer Persönlichkeit, wenn nicht zu
einer Instanz machen kann. Und zwar völlig unabhängig davon, ob er im realen
Leben etwa ein Versager gewesen sein sollte, ein Hallodri, Macho, Großmaul oder
was immer. Sein Ethos entzündet sich an jedem seiner Sätze; indem er sie nicht
nur mit den notwendigen Partikeln des zu erzählenden Plots, sondern auch mit
Partikeln der eigenen Lebenserfahrung bestückt, gewinnt jedes seiner Bücher etwas Einmaliges, das einem Autor in dieser Komplexität nicht gelingen kann. *Der*
beschränkt sich auf die Produktion von Texten, ist dabei vielleicht sogar erfolgrei-
cher, handwerklich perfekter, vergnüglicher zu lesen als ein Schriftsteller. Er *macht*
Bücher, die der Markt nachfragt, durchaus mit Kalkül anstelle von Eigensinn, und
er verschwindet auch wieder als öffentliche Person, wenn seine Bücher verschwin-

den – zumindest in seiner Rolle als Autor, wenn es denn ein Tausendsassa gewesen sein sollte, der nebenbei nur mal eben ein Buch geschrieben hat oder hat schreiben lassen. Wohingegen der Schriftsteller auch ohne permanente Präsenz auf dem Buchmarkt Schriftsteller bleibt, schließlich beglaubigt er sich nicht nur durch seine Werke, sondern vor allem durch die Persönlichkeit, die dahinter steht.

Ja, die Suche nach dem Schönen ist auch im Bereich der Literatur – als Suche nach dem gelungenen Satz – ein moralisches Unterfangen. Stil ist, überspitzt formuliert, nichts weniger als Moral; ich glaube, daß ein ästhetischer Rigorismus zutiefst inhaltliche Konsequenzen hat – daß sich darin eine Haltung zur Welt zeigt und immer weiter schärft, die man vielleicht als zwanghaft idealistische Besorgtheit bezeichnen könnte.

Wenn die Sorge des Schriftstellers allerdings – nicht nur, aber eben auch – jedem kleinsten Textdetail gilt (und auf diese Weise Anteil hat an der großen Grundsorge für das Leben generell), so ist selbst die Sorge um die *Erscheinungsform* seines Textes eine Pflicht, die weit über bloße Verpackungs- und Marketingstrategien hinausweist. Man sage nicht, das seien hypertroph aufgewertete Nebensächlichkeiten! Nein, Farbe und Haptik des Papiers, Biegsamkeit des Einbands, das Umschlagmotiv, das Autorenphoto, der Klappentext, all das spielt beim Erstkontakt zwischen Buch und potentiellem Leser subkutan eine große Rolle, einem Buch soll man's ja idealerweise ansehen, von wem es für wen geschrieben ist. Auch Buchgestaltung als die Kunst der angemessenen, der authentischen Verpackung hat ihren ethischen Kern und sorgt mit ihren diversen Codierungsmöglichkeiten dafür, daß die richtigen Leser zum richtigen Buch finden, ja, daß sie eine spontane Lust darauf bekommen. Im Prinzip funktioniert diese Einheit von Text und haptisch-optischer Gestaltung auch heute noch; und wenn ich den Bogen zum Schriftsteller zurückschlage und behaupte, daß bereits die bloße Erscheinungsform seinem Werk – also dem Inhalt – nicht wenig hilft, um im Kampf der Bücher gegen die Bücher zu überleben, so wissen Sie, daß ich die Folgerungen im Hinblick auf das Buch der Zukunft nun sehr einseitig ziehen kann:

Ich komme also zu der Frage, ob mit iPad, Kindle und Konsorten etwas Neues anbricht, und zwar zunächst einmal für Schriftsteller: Daß an den Rändern ihres Materialobjekts, dort, wo das Experimentelle wartet, gewisse Kurskorrekturen zu erwarten sind, habe ich ja bereits angedeutet; daß sich Autoren jedweder Provenienz des neuen Mediums – mit Gewinn – bedienen werden, erscheint ebenfalls naheliegend. Aber Schriftsteller in ihrer je eigenen Verbohrtheit und Unflexibilität? Interaktives Erzählen ist ihnen ein Widerspruch in sich, schließlich werden Erzähltexte seit eh und je in einer »gültigen« Version überliefert, auch wenn sie der jeweiligen Zuhörer- oder Leserschaft angepaßt werden – nämlich vorab, vom Erzähler selbst. Sie haben *einen* Schöpfer, *einen* Erzähler, der Rest hat gespannt zuzuhören; nicht zuletzt verdienen Schriftsteller ja ebendamit ihren Lebensunterhalt.

Was also bietet ihnen das neue Medium? Die Würde ihres Berufstands wird nicht zum Geringsten darin bestehen, auf viele Möglichkeiten der Animation rund um das Kernprodukt zu verzichten; ein Beruf mit Zukunft dürfte der Medienberater des Schriftstellers sein, der darüber entscheidet, was auf welchen Zusatzplattformen vermarktet wird, ohne das Hauptprodukt, beispielsweise einen Roman, zu diskreditieren. Und nebenbei den Schriftsteller davon abzuhalten, sich facebook- oder twitter- oder google+- oder sonstwie vom Eigentlichen abbringen zu lassen, der langfristigen Verfolgung seiner Aufgabe. Im Offline. Nur dort ist die Ruhe zu finden, die für Konzeption und Durchführung literarischer Projekte die unabdingbare Grundbedingung schlechthin ist; würde man nebenbei ständig Statusmeldungen seiner Freunde und Pseudofreunde empfangen, »Sitze gerade im Kino, geil«, »Paul ißt seine Würstchen heute ohne Senf, wie findet Ihr das denn?«, man würde tagtäglich aufs neue vom Zeitgeist verschlungen anstatt von seinen Figuren.

Aber ansonsten ändern die neuen Medien einschließlich Cyberspace an der Arbeit des Schriftstellers gar nichts, der Netto-Text wird in digitaler Form kein Deut weniger authentisch sein als in gedruckter – schließlich stellen wir ihn selber längst in digitaler Form her. Das Neue wird also weniger die Produktions- als die Distributions- und Rezeptionsgewohnheiten ändern. Und das wiederum kann dem Schriftsteller nicht gleichgültig sein, denn es wird – rechnet man die Entwicklung hoch – den Autoren unter den Bücherschreibern vielfältige Vorteile verschaffen: Digitalisierung des einstmals Gedruckten wird an der Qualität des Textes nichts ändern, wohl aber an seinen *mehr* oder eben *weniger* literarischen Randparametern, die bis dato wichtige Signalfunktionen innerhalb der Kulturvermittlung übernahmen – eine Art Buchgestaltung fällt in Zukunft ja weg, fällt ersatzlos weg. Und läßt den Leser mit seinem immergleichen Lesegerät als Rahmen um die verschiedensten Texte allein. Digitalisierung ist der große Gleichmacher unter den Texten, also auch unter Autoren und Schriftstellern. Von den Lesern ganz zu schweigen, die sich bestenfalls noch als Lesende erkennen können: All die spezifizierenden Codes, die das Buch permanent auch über seinen Leser an diejenigen versendet, die ein Auge dafür haben, gehen nun schlagartig verloren. Das Gerät, auf dem gelesen wird, beziehungsweise seine Marke ist fortan das einzige Erkennungssymbol, auf das es ankommt, die Inhalte sind zweitrangig.

Das Schlimme daran: Egal, was zukünftig an Texten auf unseren Lesegeräten geladen ist, es wird *immer* authentisch aussehen, eben weil wir den schieren Anblick längst gewohnt sind. In Wirklichkeit jedoch sind sämtliche Texte ihrer authentifizierenden Einkleidung von einst enthoben und der Gefahr der Bagatellisierung signal- und schutzlos ausgeliefert; und wer entscheidet da noch vorab, wenigstens als plakativer Lesetip via Sternchenrating oder Ähnlichem, über den Wert des Werkes, wenn nicht das Portal im Netz, durch das wir überhaupt erst zu unserem Text gelangt sind? Vor dem Portal sind alle e-books gleich, dahinter allerdings sind manche gleicher, und diese *happy few* werden in der Regel nicht die Texte der Schriftsteller sein. Denn der Markt wird natürlich all das bevorzugt mit digitalen Randparametern und Bonustracks aufrüschen, was eine ordentliche Verkaufszahl verspricht, beispielsweise einen Fantasy-Roman, der nach der Entfaltung der notwendigen Anfangssequenz im Text immer wieder Hyperlinks anbietet, die direkt zum entsprechenden Spielerniveau der entsprechenden Fantasywelt im Netz führen: Solche Texte werden ab einem gewissen Punkt, über den der Nutzer individuell entscheidet, auf ganz verschiedenen Ebenen weitergenutzt, wobei der Akt des Lesens nur noch *eines* der angebotenen Module ist, die den Stoff weitertragen.

Übrigens wird das *gedruckte* Buch in dieser Verwertungskette kaum noch eine nennenswerte Rolle spielen, vielleicht wird man es bei erfolgreichen e-books als eine Art Luxusedition für Sammler vertreiben. Spannend, keine Frage! Ich verspüre keine geringe Lust auf die Neuartigkeit dieser e-books, und eine authentische Erfahrung für den Leser bzw. Nutzer bieten sie mindestens so sehr wie das herkömmliche Buch. Aber wo bleibt im Kampf um die Marktanteile die vergleichsweise altmodische Authentizität dessen, was ein Schriftsteller in seine Texte zu legen versucht, und woran werde ich seine Werke zukünftig erkennen? Und wo überhaupt erst einmal finden? Die umfassende Digitalisierung des Gedruckten wird zwar rein optisch der große Gleichmacher, in der Substanz jedoch der große Ungleichmacher sein; Neuerscheinungen von Schriftstellern wird man wahrscheinlich nur noch als vergleichsweise mickrige Netto-Downloads vertreiben. Ob es mit Blick auf die opulent programmierten Bestseller gelingen kann, diesen offensichtlichen Mangel als neue Form des Reichtums zu codieren? Und dadurch die Würde des Produkts Literatur auch im neuen Medium zu bewahren oder mit sparsamen Mitteln neu herzustellen?

Aber keine Angst, das gedruckte Buch hat durch *Amazon Marketplace* und *Ebay* ohnehin schon seine alte Aura eingebüßt; überleben wird die Literatur. Möglicherweise als Parallelwelt, Off-Broadway, in der die persönliche Leseempfehlung entscheidendes Auswahlkriterium sein wird, im Trubel rund um die boomenden E-book-Majors nur noch von den Allerwenigsten wahrgenommen. Warum auch nicht, die Randständigkeit der Literatur hat, mit einer kurzen Unterbrechung durch ein Jahrhundert Bildungsbürgertum (ca. 1870 bis 1990), eine lange Tradition; auch die bevorstehende Aufspaltung unserer noch existierenden Kulturgesellschaft in vielerlei Parallelkulturgesellschaften mag ihre spannenden Seiten haben.

*

Soviel zum Thema »Lost in Cyberspace« aus meiner Warte. Das zweite große Thema dieser Tagung möchte ich zum Abschluß wenigstens noch kurz streifen; denn natürlich gerate ich auch hier sogleich ins Stocken: »Schreiben gegen den Krieg …« – wieso denn dagegen? Schreibe ich als Schriftsteller denn je gegen etwas? Als *Mensch* habe ich mich klar gegen den Krieg entschieden, genau genommen, gegen den Kriegsdienst, ich habe ihn zwei Jahre nach Absolvieren meiner Grundwehrpflicht verweigert und das entsprechende Verfahren auch gewonnen. Ich spreche also als anerkannter Kriegsdienstverweigerer, wenn ich es als Mensch respektive Bürger tue; und in einem Beitrag zum Zeitgeschehen, beispielsweise einem Essay, könnte ich mir das auch ohne Wenn und Aber vorstellen. Hingegen als Schriftsteller? Etwa in einem Roman?

Auch wenn es in der Verkürzung zu Mißverständnissen einlädt, will ich mich nicht davor drücken, auf dem Unterschied zwischen dem rein Menschlich-Gesinnungsmäßigen und dem, was die literarische Substanz eines Schriftstellers ausmacht, zu beharren. Beide Seiten in mir müssen zu völlig anderen Ergebnissen hinsichtlich Krieg und Frieden kommen, der Schriftsteller in mir muß es auf vergleichsweise kalte, überparteiliche Weise – und ich weiß mich damit glücklicherweise nicht alleine: Remarque hat ja ebensowenig *gegen* den Krieg geschrieben wie Jünger *dafür*. Gutmenschliches Vorurteil hat die Rollen zwar so verteilt, die Lektüre von *Im Westen nichts Neues* bzw. *In Stahlgewittern* hingegen bestätigt: Beide haben *über* den Krieg geschrieben, *sie haben den Krieg geschrieben*, daher die Wucht ihrer Bücher. Die richtige Einstellung allein hat noch nie gute Literatur erzeugt, im Gegenteil, man muß seine Einstellung verstecken hinter gewissen Figuren, in Halbsätzen, Randszenen, kleinen Füll- und Nebenworten, damit sie umso ungehemmter auf den Leser wirken kann. Und im übrigen gehört zum Krieg seit jeher ja beides: die intellektuelle Ablehnung wie auch das tierhaft-instinktive Fasziniertsein, davon künden bereits die antiken Heldenepen. Vereinseitigt man das Phänomen, in welcher Richtung auch immer, wird man nichts als Genreliteratur hervorbringen, im schlimmsten Fall Gesinnungslyrik.

Soviel zu meiner Haltung als Schriftsteller, einer Haltung, die auch dem offensichtlich Bösen und Grausamen Literarisches abgewinnen muß, um es mit adäquater Wucht darstellen zu können. Eine Vorentscheidung dagegen darf es beim Schreiben nicht geben. Gerade dieser Tage habe ich einen Roman abgeschlossen, den ich, so hoffe ich, in ebenjener Haltung geschrieben habe, keinen Kriegsroman im engeren Sinn des Wortes, sehr wohl jedoch einen, der in Zeiten des Krieges spielt, des Dritten Weltkrieges nämlich. Und das in näherer, ja, fast schon unmittelbarer Zukunft. Er heißt *Samarkand Samarkand*, ich habe 25 Jahre gebraucht, um ihn zu Papier zu bringen, und das hat sicher auch mit dem Thema »Schreiben über den Krieg« zu tun bzw. den inneren Barrieren, die man als Mensch dabei immer wieder aufs Neue überwinden muß.

REINHOLD MOKROSCH

Christliche und muslimische Predigten gegen den Krieg im Internet, Fernsehen, Radio und in Print-Medien
Wie wirksam sind sie (gewesen)?

Welche Wirkung können massenhaft verbreitete Kriegs- oder Anti-Kriegs-Predigten haben?

Seitdem es das Internet gibt (1993), häufen sich nicht nur Aufrufe zu Hass und Gewalt durch die Hass-Cyber-Spaces und Hass Blogs von www.kreuz.net u.v.a. im Internet, sondern auch Predigten gegen den Krieg. Sie stammen aus mennonitischen, protestantischen, katholischen, sunnitischen oder jüdischen Federn und rufen dazu auf, keinen Golf-Irak-Krieg zu führen, sich an keinem Afghanistan-Krieg zu beteiligen und überhaupt jede Art von Krieg zu ächten. Sie sprechen in ihrer Diktion keineswegs nur religiös orientierte Menschen an. Denn z.B. Margot Käßmann oder Eugen Drewermann und der bekannte muslimische Rapper-Prediger Brother Ali werden auch von Nicht-Religiösen zur Kenntnis genommen. Vielleicht werden sie von den Nicht-Religiösen sogar intensiver wahrgenommen als von den Religiösen!

Und so stellt sich die Frage, was Predigten im Internet wohl bewirken bzw. bewirkt haben. Sie haben zu Friedensketten und Friedensmärschen im März 2003 vor dem Irak-Krieg aufgerufen. Und sie haben über eine halbe Million Friedensaktivisten in Sri Lanka auf die Straße gebracht (aufgrund der Internet-Predigten des tamilischen Hindus Ariyarathne). Sind die kilometerlangen Friedensketten also auf sie zurück zu führen? Haben sie das öffentliche Bewusstsein geprägt? Haben sie eine Widerstandskultur geschaffen? Oder haben sie sich an eine bereits vorhandene Widerstandskultur nur angehängt? Das lässt sich schwer feststellen, aber ich versuche, es herauszufinden.

Dazu ziehe ich christliche und muslimische Predigten seit der »Sanften deutsch-deutschen Revolution 1989« heran, also seit der Zeit kurz vor Einführung des Internets. Zuvor zitiere ich aber noch als Hintergrundsfolie eine klassische Feldpredigt aus dem 1. Weltkrieg.

Reinhold Mokrosch

Feldpredigt als Friedenspredigt im Ersten Weltkrieg

Etwas naiv frage ich, ob denn Feldpredigten z.B. im Ersten Weltkrieg, die – man glaubt es nicht – auch Friedenspredigten genannt wurden, die Wehrkraft befördert und Auswirkungen auf den Krieg gehabt haben.

Ich bringe dazu das Beispiel eines katholischen Bischofs, der, wie er sagte, 1916 eine »Friedenspredigt« für die damalige *Volkszeitung* geschrieben hatte:

> Manche sehen im Krieg nur Leid und Trübsal, nur Opfer, Elend und Teuerung, Tod und Krankheit. Wir Christen sehen im Krieg etwas anderes: das Walten göttlicher Vorsehung, die Führung der Völker an der Hand Gottes. Wir sehen im Krieg Heldentum, christliche Opferbereitschaft, Charakter- und Tugendstärke, Heiligkeit, Großmut, Liebe, Barmherzigkeit und den Weg zum ewigen Frieden. Der Krieg ist gottgewollt. Wir strafen die gottlosen Franzosen für ihre Hybris und Gottlosigkeit und ihren Sittenverfall. Krieg ist ein Segen hin zum Frieden.[1]

Gut, die *Volkszeitung* war kein Internet! Sie hatte nur eine geringe Reichweite. Hatte die Predigt aber trotzdem eine Wirkung? Sicherlich nicht für sich allein. Aber im Zusammenhang der Verherrlichung des Krieges

(1) durch die Politik des deutschen Kaisers Wilhelm II, der auf die Einheit von Thron und Altar setzte,
(2) durch die Literatur (Thomas Mann und Rilke verherrlichten den Krieg),
(3) durch die Kultur (Richard Wagner wurde deutschnational gefeiert) und
(4) durch die Theologie (der Theologe Harnack hatte für Kaiser Wilhelm die Kriegserklärung geschrieben)

wirkten solche Predigten.

Das gilt m.E. auch für die Predigten, die wir heute im Internet gegen den Krieg vorfinden. Sie haben eine Wirkung nur im Zusammenhang anderer Faktoren, nicht für sich allein.

Ich möchte das an Predigten gegen Gewalt und Krieg während der sanften Revolution von 1989 (damals gab es noch kein Internet, und die Predigten wurden als Flugblätter zu Hunderttausenden gedruckt und im Radio und Fernsehen gesendet), während des Ersten Golfkrieges 1991 (auch zu dieser Zeit gab es noch kein Internet, aber die Drewermann-Predigten erschienen in hoher Auflage und wurden ebenfalls im Radio oder Fernsehen übertragen), während des sog. Zweiten Golfkrieges, also des Irak-Krieges 2003, und schließlich während des Afghanistan-Krieges 2001 bis 2010 zeigen.

---

1 Vgl. A. Neyenberg (Hg.). *Patriotische Kriegs- und Friedenspredigten.* Luzern 1914.

Predigten während der sanften Revolution in Leipzig 1989[2]

Bevor ich die Predigten aus der Nikolaikirche in Leipzig von 1989 zitiere, die im SFB gesendet und als Flugblätter gedruckt wurden, erinnere ich noch einmal an die Ereignisse: Für die Dekade 1980 bis 1990 wurde von den Kirchen der DDR eine Friedensdekade »Frieden schaffen ohne Waffen« ausgerufen, die sich folgendermaßen gestaltete:

- Seit 1981 wurde in der Nicolaikirche Leipzig jeweils montags 17.00 Uhr ein Friedensgebet mit dem Slogan der Gesamt-Dekade »Frieden schaffen ohne Waffen« durchgeführt.
- Seit 1982 trugen viele Christen den Aufsticker »Schwerter zu Pflugscharen«, der aber sofort von der Staatssicherheit verboten wurde.
- Seit 1983 demonstrierten kirchliche Friedensgruppen gegen Wehrdienst, Bausoldaten, Abschiebung, Wehr-Erziehung in Schulen etc., – allerdings nur auf kircheneigenem Gelände.
- Seit 1988 waren die Friedensgebete mit Ausreisewilligen und Bleibewilligen gefüllt.
- 1989: Am 7. Mai fanden in der DDR Kommunalwahlen statt, deren Ergebnisse eindeutig gefälscht waren. Viele Christen protestierten. Daraufhin wurden die Friedensgebete in St. Nikolai staatlich verboten. Am 4. und 11. September wurden sie wieder erlaubt, aber nur unter starkem Polizei-›Schutz‹; am 7. Oktober riegelt die Polizei den Zugang zur Nicolaikirche ab; am 9. Oktober gehen nach dem Friedensgebet 70.000 Demonstranten auf die Straße; die NVA-Panzer stehen bereit, kommen aber nicht zum Einsatz; geschossen wird nirgends; am 16. Oktober finden Friedensgebete in allen Kirchen Leipzigs statt mit einer anschließenden Demonstration von über 200.000 Menschen; am 30. Oktober versammeln sich nach dem Friedensgebet 250.000 Demonstranten auf dem Karl-Marx-Platz; am 9. November wird die Mauer geöffnet; am 13. November setzen sich die Massenproteste fort; und am 3. Dezember zieht sich eine Menschenkette durch die ganze DDR.

Die Friedensgebets-Predigten wurden als Flugblätter gedruckt, heimlich mitgeschnitten und in Berliner und westdeutschen Radios übertragen und einige wenige auch vom westdeutschen Fernsehen gefilmt und gesendet.

Die Kernfrage lautet: Haben diese Friedensgebets-Predigten Gewalt (auf beiden Seiten) verhindert und haben sie die Öffnung der Mauer und die sog. Wiedervereinigung mit befördert?

---

2 Die im Folgenden zitierten Predigten sind gesammelt in Günter Hanisch. *Dona nobis pacem. Friedensgebete in St. Nicolai Leipzig.* Leipzig: Ev. Verlagsanstalt, 1996.

Ich zitiere aus einer Predigt vom 9. Oktober 1989, also vier Wochen vor dem Mauerfall. Die Predigt wurde vom Sender Freies Berlin ausgestrahlt.

> Liebe Gemeinde! Viele wollen mit Nachdruck und zu Recht unsere Gesellschaft verändern. Sie meinen, jetzt Sieger sein zu müssen. Sie sind auch zu Provokation und Gewalt bereit. Ich aber bitte Sie: Begegnen Sie jedem in Uniform mit Freundlichkeit! Reden Sie freundlich, aber bestimmt mit den SED-Vertretern. Nehmt die Steine aus der Hand, welche die Hand zur Faust ballen. Die Reformen werden kommen, aber nur im Geist des Friedens, der Ruhe und der Toleranz. Das Rad der Geschichte ist auch in unserem Land nicht zurück zu drehen. Wir sind Werkzeuge des Friedens.

Und ich zitiere auch noch aus einer Predigt vom 13. November 1989, also 4 Tage nach dem Mauerfall, die ebenfalls vom Sender Freies Berlin gesendet wurde:

> Die Mauer ist gefallen. Als die Mauern von Jericho fielen, zog das Volk Israel ins Gelobte Land. Der Weg war frei. Was wird uns der Fall der Mauer bescheren? Den Einzug in das Gelobte Land? – Wir danken allen, die zur Gewaltlosigkeit während der Demonstrationen geholfen haben. Das soll auch jetzt so bleiben. Wir müssen wissen: Nur wenn der Druck der Straße gewaltlos bleibt, werden die Veränderungen auch weiterhin und noch tiefgreifender in unserem Land Fuß fassen. Darum gilt es jetzt erst recht, was Ihr, was das Volk aus sich heraus anstimmte: Keine Gewalt! Bitte übernehmen Sie Obhutspflicht während der jetzt anschließenden Demo – für Ihre Nachbarn vorn und hinten, rechts und links! Wenn Leipzig eine Revolutionsstadt bleiben soll, dann durch Gewaltlosigkeit. Gewaltlosigkeit ist eine Kraft, die der SED und der Staatssicherheit Angst macht. Gottes Wort soll heute Abend Gottes Tat für Hunderttausende auf dem Ring werden. Amen.

Haben diese Predigten Gewalt verhindert? Viele haben sie im Radio gehört, bevor sie zur nächsten Demo aufbrachen. Sie waren ein Baustein, ein wichtiger Baustein. Aber entscheidend war, dass auch die gewaltbereiten und zu recht wütenden Demonstranten sahen, dass ihre Gewaltfreiheit auch die Staatsorgane davor zurückhielt, ihrerseits Gewalt anzuwenden. Manche nannten das einen glücklichen Zufall. Andere erkannten darin göttlichen Geist unter den Gegnern.

Predigten während des Ersten Golfkrieges 1991

Ich erinnere wieder an die Situation: Am 2. August 1990 hatte der irakische Diktator Sadam Hussein Kuwait mit über 100.000 irakischen Soldaten besetzt. Die Welt war entsetzt. Präsident Bush drohte mit Krieg – natürlich weil seine Öl-Quellen bedroht waren. NATO und UNO stimmten zu. Nur wenige warnten. Zu ihnen gehörte Eugen Drewermann, dessen *Reden gegen den Golf-Krieg* im Januar 1991 von

Fernsehen und Radio ausgestrahlt wurden. Sie konnten den Ausbruch des Golf-Krieges im Januar 1991 nicht verhindern. Aber sie mobilisierten große Massen. Ich zitiere seine Predigt vom 13. Januar 1991:

> Bush verspricht Krieg bis zum Sieg. Hunderttausende Soldaten stehen bereit, um sich und andere mit Napalm, Giftgas und Viren zu verseuchen. Die Kuwait-Besetzung ist ein Verbrechen. Der Krieg ist ein noch größeres Verbrechen. Es geht um Öl, nicht um Moral! – Eine Verständigung mit dem Irak verweigert man. Bush sagt: Mit Verbrechern verhandelt man nicht! Punkt! Stattdessen demütigt man den Gegner. – Paulus fordert: Vergeltet Böses mit Gutem! Nein sagt der Westen: Wir vergelten Böses mit Bösem! – Wir fordern: Beseitigung aller Atom- und Biowaffen! Denn wir Deutsche haben die Waffen geliefert, mit denen Kuwait erobert wurde. – Deshalb sagen wir: Mann an der Werkbank, wenn man Dir befiehlt Granaten herzustellen, sag: Nein!, Wissenschaftler im Labor, wenn man Dir befiehlt, einen neuen Tod zu erfinden, sag: Nein! Mann auf der Kanzel, wenn man erwartet, dass Du Krieg rechtfertigst, sag: Nein! – Wir haben zu Recht Angst, dass Israel bombardiert wird vom Irak, dass die Ölquellen brennen, dass der Nahe Osten im Chaos endet. Ja, aber Krieg ist keine Antwort! Sagt: Nein, wie Jesus Christus![3]

Zehntausende haben diese Predigten Drewermanns gehört und im Fernsehen gesehen (noch nicht im Internet gelesen). Was haben sie bewirkt? Ich stelle wieder die These auf, dass sie die Gewissen der (wenigen!) Kriegsgegner im Kontext anderer Faktoren wachgerüttelt haben: im Kontext der damals stets zunehmenden Pazifisten; im Kontext der zunehmenden linken antimilitaristischen Politiker; und im Kontext vieler Religionsgemeinschaften, die sich damals zunehmend pazifistisch zu Worte meldeten. Drewermanns Predigten haben damals fraglos eine wichtige, wenn auch nicht den Krieg verhindernde Wirkung gehabt.

Internet-Predigten gegen den Irak-Krieg 2003

2003 erklärte die Bush-jun.-Regierung den Krieg gegen den Irak. Er war die Antwort auf den 11. September 2001. Gleich eine Woche nach dem 11. September, am 19. September 2001 hatte Papst Johannes Paul II im Internet gewarnt, dass das amerikanische Volk nicht der verständlichen Versuchung des Hasses und der Rache nachgeben solle. »Der Weg der Gerechtigkeit und des Friedens«, so warnte er im Internet, »muss Vorrang haben. Die Spirale des Hasses muss gestoppt werden.«[4]

---

3 Vgl. Eugen Drewermann. *Reden gegen den Krieg*. 3. Aufl. Düsseldorf: Patmos Verlag, 2003.
4 http://www.spiegel.de/panorama/nach-dem-anschlag-papst-predigt-gegen-den-krieg-a-158004.html.

Der Schrei, dass die USA keinen Rachefeldzug gegen ›den‹ Islam und nicht gegen den Irak führen möge, war weltweit zu hören! Viel lauter als beim Ersten Kuwait-Golfkrieg. Das galt aber nur für Europa. In den USA sah die Stimmung anders aus. Deshalb sind die folgenden USA-Predigten gegen den Irak-Krieg besonders beachtenswert.

A. Amerikanische Imame oder Muftis stellten ihre Freitags-Predigten gegen den Irak-Krieg nicht ins US-Internet. Wahrscheinlich sorgten sie sich, dass sie damit die Islamfeindlichkeit in den USA noch mehr fördern würden. Aber ein radikaler muslimischer Friedensprediger, der 27-jährige Polit-Rapper Brother Ali, meldete sich zu Wort.[5] Er stellte ein aufregendes Video ins Internet, gerade als der Irak-Krieg im März 2003 ausgebrochen war. Er betete kniend auf einer US-Fahne zu Allah. Damit wollte er, wie er sagte, eine Versöhnungsgeste für die Zusammengehörigkeit von USA und Islam zum Ausdruck bringen. Gleichzeitig aber übte er beißende Kritik: Im Hintergrund hageln US-Bomben auf schwangere Frauen mit Kopftuch. Kurz danach kämpft ein dunkelhäutiger US-Soldat in der Irak-Wüste, der sich aber bald darauf in einen schwarzen Zivilisten verwandelt, der in seiner Heimat New York von weißen Polizisten gejagt wird. Dazu rappt Brother Ali, alias Jason Newman, mit folgenden Worten:

Amerika befindet sich im Niedergang, besonders spirituell. Niemand wagt es, die Wahrheit auszusprechen. Erst wenn wir sehen, was aus uns geworden ist, kann es besser werden. Das Versprechen von Gleichheit, Freiheit und Gerechtigkeit ist eine Farce geworden. Allah möge uns seinen Schutz und Geist senden!

Und er fügte rappend hinzu: »Ich bete als Muslim für Amerika, denn Amerika und der Islam gehören zusammen!«[6]

Schon als 8jähriger hatte Brother Ali bei der Beerdigung seiner Großmutter Hip-Hop getanzt. Er war und ist halb blind und etwas dicklich, was ihm, wie er sagt, ein Abonnement auf's Außenseitertum eingebracht hatte. Aber gerade das machte ihn bei seinen Fans beliebt.

Hat seine Rapper-Predigt USA und Islam etwas näher zusammen gebracht? Natürlich wissen wir das nicht. Aber die Reaktionen in seinem Blog deuten darauf hin, dass manche nachdenklich geworden sind, ob USA und Islam wirklich Gegensätze sein müssen.

B. Ein anderes Beispiel: Schon am 4. August 2002 hatte der Mennoniten-Pfarrer Constance Benson in den USA eine Predigt ins Internet gestellt.[7] Die Predigt

---

5 Wikipedia: »Brother Ali« u.ö.
6 www.Brotherali.com.
7 http://www.brsd.de/zeitschrift-cus/artikel/29-predigt-gegen-den-krieg.

ging über 1. Kön 22: »König Ahab will Krieg führen gegen die Philister. Er vergewissert sich bei 400 Propheten, die seinen Plan absegnen. Nur der Prophet Micha warnt König Ahab: ›Wer das Schwert gebraucht, wird durch das Schwert umkommen!‹ Er wurde verhaftet und eingesperrt. Aber sein Wort erfüllte sich.« Dazu Pfarrer Benson:

400 Propheten segneten die Kriegspläne von König Ahab. Heute segnet der amerikanische Senat die Kriegspläne von Bush. Wer ist heute der Prophet Micha und sagt klar und deutlich: »Wer das Schwert benutzt, wird durch das Schwert umkommen«? Es gibt Michas, auch unter den US-Generälen. Aber sie werden im Senat nicht angehört. – Auch wenn unser Amerika vom Irak bedroht wird – wir Mennoniten halten Krieg für unverantwortlich! Sadam foltert und mordet. Sollen wir es ihm gleichtun? Unsere US-Geschichte ist voll von Blut. Schon George Washington vernichtete Indianer, indem er ihre Wäsche mit Pocken vergiften ließ. Wir haben Vietnams Orangenplantagen vergiftet, damit Vietnamesen verkrüppelt werden. Wir warfen Atombomben auf Japan. – Wir müssen gegen den Krieg protestieren! Niemals! Niemals! Amen.

C. In einem anderen US-Video-Blog rappt ein dunkelhäutiger Priester im Trailer *World in Conflict* gegen die Bewegung »War is coming again«. Mit einem Headset predigt, rappt und singt er in einem zerbombten Haus für Frieden und gegen den Irak-Krieg: »Wir wissen, wie schrecklich und grausam der Krieg ist. Halleluja! Wir wollen lieber leiden, auch Unrecht leiden, als Krieg führen. Halleluja!«[8] – Welche Wirkung hat er gehabt? Er hat keinen Blog. Ich kann es nicht abschätzen.

D. In Deutschland predigt der Baptistenpfarrer Thomas Kapica in Bad Dürkheim am 16. März 2003 und stellt die Predigt ins Internet ein:

Bush behauptet, es gibt keine Alternative zum Krieg. Stimmt das? Ich erinnere an die sanfte Revolution in Leipzig 1989. Gewaltlosigkeit kann Frieden stiften. Im Irak und in anderen muslimischen Ländern sind 100.000de zum gewaltfreien Protest gegen Sadam bereit. Sollen amerikanische Bomben das verhindern?[9]

E. Und Eugen Drewermann predigt 2003 im Internet:

Man macht Euch Soldaten zu bezahlten Auftragsmördern! Verweigert Euch! Der Irak-Krieg hat mit einer Lüge begonnen und wird mit Lügen fortgesetzt. Glaubt

---

8 http://www.looki.de/forum/strategiespiele_f269/world_conflict_predigt_gegen_den_krieg_238043.html.

9 http://www.predigtpreis.de/predigtdatenbank/newsletter/article/predigt-zur-aktuellen-lage-krieg-gegen-den-irak.html.

nicht an die angeblich humanitären Gründe zum Krieg! Es sind ausschließlich Öl-Interessen! Soldaten, verweigert Euch! Krieg dient niemals dem Frieden, sondern allein dem Krieg![10]

Welche Wirkung haben solche mennonitische Benson-Predigten, solche baptistischen Kapica-Predigten, solche Rapper-Predigten und solche Drewermann-Predigten im Internet gehabt? In den USA haben sie, das wissen wir, sehr viele (religiöse) Menschen nachdenklich gemacht. Viele erkannten die Inhumanität des angeblich so humanitären Krieges. In Deutschland hatte ja schon Kanzler Gerhard Schröder eine Beteiligung am Irak-Krieg abgelehnt. Da hatten es die Prediger nicht mehr so schwer, sich auch radikal gegen den Irak-Krieg zu stellen.

Internet-Predigten gegen den Afghanistan-Krieg 2001–2010

Zur Erinnerung: Im Oktober 2001 stürzte die US-Armee zusammen mit der NATO das Taliban-Regime in Afghanistan. Seitdem führen die meisten NATO-Partner, darunter natürlich auch Deutschland, Krieg gegen Talibanis in Afghanistan. Seitdem hagelt es Friedens- (und natürlich auch Hass-) Predigten im Internet.

Die bekannteste unter ihnen ist wohl die Predigt von Margot Käßmann. Die damalige EKD-Ratsvorsitzende hatte am 1. Januar 2010 vormittags in der Dresdner Frauenkirche und nachmittags im Berliner Dom zum Ende der sog. Friedensdekade 2001–2010 des Ökumenischen Rates in ihrer Neujahrsansprache Afghanistan erwähnt.[11]

Nichts ist gut in Afghanistan Sie haben uns lange darüber hinweggetäuscht, dass Soldaten nun einmal Waffen benutzen und eben auch Zivilisten getötet haben. Wir brauchen Menschen, die nicht erschrecken, wenn sie von der Logik des Krieges hören, sondern die ein klares alternatives Zeugnis vor der Welt gegen Gewalt und Krieg abgeben und bekennen: »Die Hoffnung auf Gottes Zukunft gibt mir schon hier und jetzt den Mut, von Alternativen zu reden und mich dafür einzusetzen!« Manche finden das naiv. Ein Bundeswehroffizier schrieb mir etwas zynisch: »Ich meinte wohl, ich könnte mit weiblichem Charme Taliban vom Frieden überzeugen.« Ich bin nicht naiv. Aber Waffen schaffen offensichtlich auch keinen Frieden in Afghanistan. Wir brauchen mehr Fantasie für den Frieden, für ganz andere Formen, Konflikte zu be-

10 Drewermann, a.a.O.
11 Während der Friedensdekade 2001–2011 wurde jedes Jahr eines Kriegslandes besonders gedacht, und 2010 ist es Afghanistan gewesen, unter der Schirmherrschaft der Rats-Vorsitzenden Margot Käßmann.

wältigen. Das kann manchmal mehr bewirken als alles abgeklärte Einstimmen und der vermeintlich so pragmatische Ruf nach den Waffen.[12]

Und schon acht Tage vorher, am Heiligabend 2009 hatte sie in einem predigt-ähnlichen Interview in der *HAZ* geäußert:

> Jahrelang wurde verdrängt, was tatsächlich in Afghanistan geschieht. Da wurde gesagt, dass deutsche Soldaten beim zivilen Aufbau helfen würden. Doch nun erfahren wir, dass es auch Tote gibt, und dass auch Zivilisten getötet werden. – Dieser Krieg ist nicht mehr zu rechtfertigen. Er muss rasch beendet werden. Wir brauchen eine geordnete Exit-Strategie. Möglichst bald sollen die deutschen Soldaten aus Afghanistan abgezogen werden.[13]

Die Internet-Reaktionen waren überbordend. Der Wehrbeauftragte Reinhold Robbe, SPD, meinte: »Die Bischöfin übt populistische Fundamentalkritik. Es ist naiv, mit Kerzen und Gebeten in Afghanistan Frieden stiften zu wollen.«[14] Niedersachsens Innenminister Schünemann, CDU, reagierte: »Käßmann argumentiert weltfremd. So wird Afghanistan wieder zum Beutestaat der Steinzeit-Islamisten.« Und der Vorsitzende des Bundeswehrverbandes Oberst Ulrich Kirsch meinte: »Käßmann hätte lieber Gespräche mit Soldaten führen sollen statt zu predigen. Ihr Nein schafft neue Frustrationen.«[15]

Aber man höre: Gut 150 Offiziere und Unteroffiziere der Bundeswehr pflichteten der Bischöfin bei. Ein geordneter Abzug sei notwendig! Viele Soldaten würden sich in ihren Sorgen von Käßmann bestätigt fühlen! – Sagenhaft! Und wir wissen: 80% der Deutschen pflichteten ihr ebenfalls bei, bis heute! – Ich wage zu behaupten: Diese Predigt im Internet hat außerordentlich viel bewirkt. M.E. hat sie sogar den für 2014 geplanten Abzug bewirkt. Aber das würden natürlich Herr Schünemann und der damalige Verteidigungsminister Freiherr zu Guttenberg bestreiten.

Es folgten viele weitere Friedenspredigten im Internet. Eine trug die Überschrift *Ent-rüstet Euch!* vom 14. November 2010. Die Predigerin erinnert sich eindrucksvoll an die Leipziger stille Revolution und meint, dass es solche spirituellen Kräfte auch unter den irakischen Muslimen geben würde, die man stärken sollte. Und dann gab es auch wieder Predigten online von Eugen Drewermann gegen den

---

12 Vgl. Margot Käßmann. *Fantasie für den Frieden, oder: Selig sind die Frieden stiften.* Frankfurt 2010.

13 Vgl. *Hannoversche Allgemeine Zeitung,* 24.12.2009.

14 Spiegel online 14.01.2010; www.spiegel.de/politik/deutschland/0,1518,671728,00,html.

15 Vgl. http://www.spiegel.de/politik/ausland/umstrittene-predigt-kaessmann-verteidigt-afghanistan-aeusserungen-a-671381.html; und http://www.stern.de/politik/deutschland/kaessmann-und-afghanistan-pazifistin-unter-beschuss-1533791.html.

Afghanistan-Krieg. Er rechnet vor, dass der Krieg in Afghanistan die Amerikaner in den 10 Jahren 300 Milliarden Dollar gekostet habe, wovon man 15 Millionen Afghanen hätte 10 Jahre lang ernähren können. »Krieg ist das Eingeständnis verlorener Menschlichkeit, jeder Krieg«, schließt er seine Predigt ab. Auch er erhält im Blog größte Zustimmung.

Resümee

Bei diesen Predigten gegen den Afghanistan-Krieg ist es mit Händen zu greifen, dass sie eine große Wirkung auf das Bewusstsein der Bevölkerung gehabt haben, – und eben nicht nur der religiösen, sondern auch der nicht-religiösen Bevölkerung. Aber das war eben nur möglich, weil die meisten Bürger und Bürgerinnen längst Kritiker des Afghanistan-Krieges gewesen sind. Käßmanns Predigt fiel eben in eine richtige Zeit am richtigen Ort mit den richtigen Worten.

Haben Internet-Predigten und frühere Flugblatt-, Radio- und TV-Predigten das Bewusstsein der Gesellschaft beeinflusst? Ja, sicherlich! Allerdings wohl nicht verändert, sondern nur ›mitgeprägt‹.

INGO REGENBOGEN

Drehbuchschreiben für (Anti-)Kriegsfilme
Welche Geschichten erzählen neue Fernsehfilme?
Welche Wirkung erzielen sie?

Einleitung: (Anti-)Kriegsfilme seit dem Jahr 2000

Seit dem Jahr 2000 bis heute (März 2013) sind 25 (Anti-)Kriegsfilme in deutscher Originalsprache herausgekommen (siehe Anhang).[1] Der Artikel untersucht drei Fernsehfilme: *Dresden* erreichte mit 12 Mio. die höchste Zuschauerzahl; *Unsere Mütter, unsere Väter* fand eine breite mediale Beachtung und löste eine Diskussion zwischen den Generationen aus; *Auslandseinsatz* ist der erste Film über Kampfhandlungen von deutschen Soldaten während des Kriegseinsatzes in Afghanistan.

Bei der Analyse und Beurteilung der Filme stehen zwei Kriterien im Mittelpunkt:

1. Werden die Auswirkung von Kriegshandlungen auf Menschen dargestellt und wie werden sie dargestellt?
   Bereits Erich Maria Remarque hatte das Kriterium für Kriegsgeschichten eingefordert. In einem ARD-Interview von 1963 bemerkte er: »Mein Thema bei ›Im Westen nichts Neues‹ war ein rein menschliches Thema: dass man junge Menschen von 18 Jahren, die eigentlich dem Leben gegenübergestellt werden sollten, plötzlich dem Tode gegenübergestellt hat.«
2. Wahrheitskriterium: In Kriegsfilmen verdient das Verhältnis von wirklichen Ereignissen und fiktionaler Handlung eine besondere Betrachtung.
   Die Wahrhaftigkeit der dargestellten Handlung misst sich am eigenen Anspruch des Films, Wirklichkeit darzustellen. Das Verhältnis von fiktionaler Welt zur Wirklichkeit lässt sich auf drei Ebenen prüfen:

---

1 (Anti-)Kriegsfilme werden hier verstanden als Filme, die direkte Kampfhandlungen zeigen oder die unmittelbaren Folgen eines Kriegseinsatzes auf die Beteiligten darstellen. Zur Problematik der begrifflichen Unterscheidung von Kriegs- und Antikriegsfilm siehe: Röwekamp: Antikriegsfilm.

- auf der Faktenebene: wieweit nähert sich der fiktionale Film der Realität an?
- auf der Ebene der Zuverlässigkeit: werden die zentralen Aspekte der dargestellten Welt hinreichend berücksichtigt oder einige einfach weggelassen (z.
  B. der Blick auf die Opfer)?
- auf der Ebene der emotionalen Übereinstimmung: nähern sich die von
  Schauspielern dargestellten Emotionen den erlebten Gefühlen der Kriegs-
  beteiligten an?

Beispiele: Ein Doku-Drama hat den Anspruch, die Wirklichkeit mit Hilfe von Ar-
chivmaterial, Interviews und Spielszenen zu rekonstruieren. Es soll sich auf der
Faktenebene der Realität stark annähern. Allerdings wirkt diese Form auf die
Zuschauer häufig dann ›unterkühlt‹, wenn hochemotionale Szenen eher sachlich
inszeniert sind und das Spiel durch dokumentarisches Material und Sachinforma-
tionen unterbrochen wird.

Für einen Spielfilm lässt sich als extremes Beispiel *Inglourious Basterds* von
Quentin Tarantino anführen. Der Film verlegt eine Wildwest-Kulisse in das be-
setzte Frankreich während des Zweiten Weltkriegs und erzählt eine sogenannte
kontrafaktische Kriegsgeschichte. Durch die Darstellung von Bedrohung, Rache-
gefühl, Hilflosigkeit und Abscheu gegenüber den Nazi-Verbrechen erreicht der
Film in den Augen einiger Zuschauer und Kritiker eine eigene poetische Wahrheit
auf emotionaler Ebene, andere hingegen stoßen sich an einer solchen Form der
»Geschichtsklitterung« und lehnen sie grundsätzlich ab.

In der Regel besitzt der Zuschauer ein sehr feines Gespür dafür, ob ein Film
seine Geschichte wahrhaftig darstellt oder nicht. Will man die unterschiedlichen
Ebenen von Wahrhaftigkeit und die Rolle des subjektiven Moments beurteilen, so
erfordert dies eine genaue inhaltliche Beschreibung.

Dresden (ZDF 2006, 2 Teile)

Inhalt
(1. Teil) Januar 1945: Während bei einem Fliegerangriff alle in den Luftschutzkeller
laufen, assistiert Krankenschwester Anna Mauth (Felicitas Woll) in einer Dresdner
Klinik Oberarzt Alexander Wenninger (Benjamin Stadler) bei einer Not-Opera-
tion. Die beiden sind ein Paar und wollen heiraten. Eines Abends entdeckt Anna
im Keller der Klinik einen verwundeten Unbekannten (Robert gespielt von John
Light). Er spricht mit ihr kein Wort, weil er sich nicht als abgeschossener britischer
Bomberpilot zu erkennen geben möchte. Im Glauben, er sei ein deutscher Deser-
teur, versorgt Anna ihn mit Lebensmitteln und Verbandszeug, zweifelt aber an der
Richtigkeit ihrer geheimen Hilfeleistung.

Als Anna sich für die Ehefrau eines Deserteurs im Krankenhaus einsetzt, stellen
Nazi-Schergen sie im Hinterhof an die Wand und bereiten ihre Erschießung vor.

Ihr Verlobter Alexander rettet Anna kurz vor der Exekution, doch hält er sie für leichtsinnig und verrückt.

Wenig später beobachtet Anna, wie Robert einen Jungen vor dem Selbstmord rettet. Anna ist beeindruckt von Roberts Sensibilität, hört ihn allerdings auch zum ersten Mal mit englischem Akzent sprechen und glaubt daher, er sei ein englischer Spion. Doch Anna hat sich mittlerweile in Robert verliebt und schläft mit ihm. Das Liebespaar wird entdeckt und versteckt sich in der Frauenkirche. Als sie vom Turm auf die nächtliche Elbmetropole blicken, offenbart Robert ihr, dass er ein britischer Bomberpilot ist. Anna fühlt sich hintergangen und wendet sich enttäuscht von ihm ab.

Unterdessen wägen im britischen Hauptquartier die Offiziere und Generäle der Luftwaffe den militärischen Zweck eines Flächenbombardements gegen die Folgen für die Zivilbevölkerung in Dresden ab. Luftwaffenchef Arthur Harris setzt sich durch und gibt den Befehl, den Luftangriff vorzubereiten.

(2. Teil) Robert schmuggelt sich in einer gestohlenen Wehrmachtsuniform auf Annas Verlobungsfeier und gesteht ihr seine Liebe. Doch Anna fragt ihn provozierend, wie es sei, Bomben auf deutsche Städte zu werfen. Im Streit offenbart Robert ihr, dass ihr Vater (Heiner Lauterbach) als Klinikchef Morphium unterschlägt, anstatt Patienten damit bei Operationen die Schmerzen zu lindern. Annas Vater plant, mit dem Gewinn aus dem illegalen Morphiumhandel eine Privatklinik in der Schweiz zu kaufen. Daraufhin entschließt Anna sich zur Flucht mit Robert, wird aber von ihrem Verlobten Alexander aufgehalten.

Als Annas Familie am Bahnhof in einen Zug in Richtung Schweiz steigen will, beginnt der erste Luftangriff der britischen Lancaster-Bomber auf Dresden. Anna muss dabei mitansehen, wie ihr Vater durch Bombensplitter grausam stirbt. In dem brennenden Inferno trifft sie Robert wieder. Während der zweiten Angriffswelle suchen die beiden Schutz in Kellerräumen. Doch das Feuer gräbt sich durch alle Türen und Wände. Robert und Anna fliehen die halbe Nacht lang vor dem Hitzetod, treffen auf hoffnungslose Menschen, sehen verbrannte und erstickte Leichen, bevor sie notdürftig eine Zuflucht in einem Kellerloch finden. Als Anna und Robert am nächsten Morgen an die Erdoberfläche krabbeln, blicken sie schockiert auf die Ruinenlandschaft der völlig zerstörten Stadt.

Nach Kriegsende kommt Robert bei einem Flugzeugabsturz ums Leben. Er erlebt nicht mehr die Geburt ihrer gemeinsamen Tochter.

Am Ende des Films wird eine Rede von Bundespräsident Horst Köhler aus dem Jahr 2005 eingeblendet: Er spricht sich bei der Eröffnungsfeier der wieder aufgebauten Frauenkirche für Völkerverständigung und gegen Krieg aus.

Erläuterung und Einordnung
Der Film erzählt im Kern eine fiktive Dreiecks-Liebesgeschichte während einer Katastrophe. Das ZDF, die beiden Produzenten Nico Hofmann und Sascha Schwingel sowie Drehbuchautor Stefan Kolditz wollten bei einem Budget von 10 Millionen Euro – ungefähr das Dreifache, verglichen mit einem normalen Fernsehfilm –

das inhaltliche Risiko begrenzen und griffen deshalb auf Bewährtes zurück: Die beiden Produzenten hatten zuvor erfolgreich Historienfilme fürs Fernsehen mit vergleichbaren Plotmustern hergestellt: *Die Luftbrücke* (SAT.1 2005) handelt von einer Dreiecks-Liebesgeschichte in der Zeit der Berlin-Blockade; und *Die Sturmflut* (RTL 2006) erzählt eine Dreiecks-Liebesgeschichte während der Hamburger Sturmflut-Katastrophe.

Das ZDF hat den 1. Teil von *Dresden* auf dem sogenannten »Pilcher«-Sendeplatz programmiert. Am Sonntagabend werden hier in der Regel seichte Liebesgeschichten für ein vornehmlich weibliches Publikum erzählt.

Das Kalkül ging auf: Mit über 12 Millionen Zuschauern war *Dresden* der erfolgreichste Fernsehfilm seit 1992. Er gewann den Deutschen und den Bayerischen Fernsehpreis und wurde erfolgreich ins Ausland verkauft, unter anderem auch nach England.

Bereits in die Titelsequenz montiert Regisseur Roland Suso Richter Archivaufnahmen von Dresdens historisch schönem Stadtbild vor der Bombardierung. Auch im weiteren Verlauf schneidet er immer wieder nahtlos Archivfilmmaterial in Spielszenen. Die Archivbilder markieren deutlich den hohen Realitätsanspruch des Films. Jedoch ist der 1. Teil nach dem genannten Wahrhaftigkeitskriterium im Hinblick auf seine Zuverlässigkeit zu überprüfen. Das Krankenhaus wird dargestellt als ein Ort, in dem die Umsetzung der Nazi-Ideologie keine Rolle spielt. Wir erfahren nichts über die Folgen der sogenannten Euthanasie-Programme der Nationalsozialisten gegen geistig und körperlich behinderte Neugeborene, Kinder, Erwachsene und psychisch Kranke.

Wie ich von meinem Großvater, der Arzt war, weiß, waren die Auswirkungen solcher Nazi-Programme, die bereits am Anfang des Krieges beschlossen wurden, unter den Ärzten und Schwestern ein dauerhaft schwelendes Thema, da die Nazi-Programme dem Prinzip der ärztlichen Ethik, allen Menschen zu helfen, widersprachen. Nach Kriegsbeginn entstand ein hoher Bedarf an zusätzlichen Krankenhausbetten für verwundete Soldaten und zivile Opfer. Heil- und Pflegeanstalten wurden im großen Stil in Krankenhäuser umgewandelt. Die psychisch Kranken und behinderten Patienten wurden abtransportiert und ermordet. Mein Großvater war selbst in ein derartig umgewidmetes Krankenhaus in Berlin versetzt worden. Den wahren Grund für den anfänglichen Leerstand seiner Klinik fand er erst nachträglich heraus und schwieg, um nicht seine Anstellung zu verlieren. Die ihm übergeordneten Ärzte waren Parteimitglieder und machten Karriere. Die Treue vieler Ärzte zum NS-Regime wäre ein lohnendes Thema gewesen. Doch *Dresden* verpasst die Chance, den Krankenhausalltag während der Nazi-Zeit in einer wahrhaftigen Art und Weise darzustellen.

An dem Film lassen sich auch einige fiktive Konstruktionen kritisieren. So konnte man mit Sicherheit im Februar 1945 nicht mehr einfach mit dem Zug von Dresden in die Schweiz fahren. Legt man das Wahrhaftigkeitskriterium streng an, dann erschüttern solche Ungenauigkeiten die Glaubwürdigkeit der Erzählung.

Wie jeder Katastrophenfilm erzählt auch *Dresden* zwei Geschichten: Hier zunächst die dramatische Liebesgeschichte einer starken Frau, bevor dann eine actiongeladene Handlung während der hereinbrechenden Katastrophe einsetzt. Regisseur Richter zeigt in einer 40-minütigen Sequenz die Bombardierung mit einem inszenatorischen Aufwand aus Spezialeffekten und computeranimierten Bildern, die im Fernsehen bislang ihres Gleichen suchen. Dabei gelingt es Richter und den Schauspielern, die entfesselte Gewalt der Bomben und des folgenden Feuersturms für den Zuschauer nacherlebbar darzustellen. In diesem Sinn erfüllt nach meiner Ansicht der Film die Erwartung, die Zerstörung von Dresden als menschliche Katastrophe darzustellen.

Rezeption und Wirkung
Dresden gehört zu einer Reihe von Filmen, die in den letzten zehn Jahren herausgekommen sind und das Leid der Zivilbevölkerung im Zweiten Weltkrieg thematisieren.[2] Bei den Diskussionen um solche Filme spielt auch immer die Frage eine Rolle, ob die Darstellung des Leids von Deutschen in Anbetracht ihrer verübten Verbrechen während der Nazi-Zeit angemessen ist.

Während Michael Hanfeld in der *Frankfurter Allgemeinen Zeitung* der Meinung ist, »diesen Film muss man sehen, wenn man wissen will, was fiktionale Umsetzung eines historischen Untergangs im Film leisten kann«, vertritt Peter von Becker in *Der Tagesspiegel* eine gegensätzliche Ansicht: »In Wahrheit jedoch zeigt *Dresden*, wie schwer es fällt, über den eigenen Untergang einen Unterhaltungsfilm zu drehen.« Marit Hofmann von der Zeitschrift *Konkret* nennt *Dresden* in ihrem Verriss eine »Schmonzette«.

Als Beispiel für eine Kritik, wie sie von bürgerlich-konservativer Seite vorgetragen wurde, sei hier Arnulf Baring (*Die Welt*) zitiert: Das »ZDF verkitscht Dresdens Ende«, statt »die Vernichtung bürgerlicher Lebenswelten« zu zeigen. Damit meint Baring bürgerliche Häuser, Erinnerungsstücke und Familienarchive. Er stößt sich an der Liebesgeschichte zwischen einer Deutschen und einem Piloten der Royal Air Force, wobei er in Robert die Hauptfigur sieht – fälschlicher Weise muss man sagen. Baring würdigt den Film immerhin als »redlichen Versuch«, das Inferno dazustellen, und nimmt den Film zum Anlass, um ausführlich seine eigenen Erinnerungen an das Bombardement von Dresden zu erzählen. Dabei berücksichtigt er nicht, dass der Film selbst den Anstoß zu seinem Zeitzeugenbericht gegeben hat.

Das Problem der Weitergabe von Erinnerungen und eigener Familiengeschichte der Kriegs- und Kriegskindergeneration – Baring ist Jahrgang 1932 – an nachfolgende Generationen hat nur bedingt etwas mit zerstörten Erinnerungsstücken und Familienarchiven zu tun. Den tieferen Gründen für die Verdrängung von Kriegserlebnissen gehe ich bei der folgenden Filmanalyse nach.

---

2   Weitere Filme sind: *Die Gustloff, Die Flucht, Anonyma.*

Unsere Mütter, unsere Väter (ZDF 2013, 3 Teile)

Inhalt

Juni 1941: In einer Berliner Kneipe nehmen fünf Freunde (um die 20 Jahre alt) mit der Illusion, die Welt liege ihnen zu Füßen, beschwingt voneinander Abschied.

Die Brüder Wilhelm (Volker Bruch) und Friedhelm (Tom Schilling) kommen als Soldaten an die Ostfront. Friedhelm ist ein sensibler Außenseiter in seiner Truppe und bricht nach einem grausamen Kriegseinsatz allein im Wald zusammen. Als Kameraden beim Wasserholen an einem Brunnen durch eine Sprengfalle von Partisanen sterben, verhärtet sich Friedhelm in seiner Einstellung. Er meldet sich freiwillig zu einem Erschießungskommando und wird später Fahrer von SS-Standartenführer Hiemer (Sylvester Grothe), der in den Ostgebieten Juden und Partisanen liquidiert. Bei einem Einsatz erschießt Friedhelm eiskalt ein weglaufendes polnisches Kind von hinten. Doch als er auf dem Rückzug seinen jüdischen Freund Viktor (Ludwig Trepte) stellt, reißt Friedhelm sein Gewehr herum und tötet SS-Mann Hiemer. Kurz vor Kriegsende leitet Friedhelm einen kleinen Volkssturmtrupp mit Jugendlichen. Friedhelm hat jede Lebenshoffnung verloren, geht mit seinem Gewehr im Anschlag provozierend auf sowjetische Soldaten zu und lässt sich erschießen – auch, um vor seinen jugendlichen Soldaten die Sinnlosigkeit des Kampfes zu demonstrieren.

Sein älterer Bruder Wilhelm, ein von der Notwendigkeit des Krieges überzeugter Leutnant, erschießt am Anfang seines Kriegseinsatzes auf Befehl einen russischen Kriegsgefangenen. Bei der sinnlosen Stürmung einer Telegraphenstation überlebt Wilhelm mit Glück und desertiert. Nachdem deutsche Soldaten zufällig Wilhelm in einer russischen Waldhütte aufgreifen, wird er wegen Fahnenflucht zum Tode verurteilt. Die Strafe wird nicht vollstreckt und Wilhelm gerät in ein Bewährungsbataillon. Der sadistische Oberfeldwebel Krebs (Bernd Michael Lade) verlangt im Zuge der Politik der »Verbrannten Erde« Bauernhäuser anzuzünden. Wilhelm verweigert den Befehl und muss zur Strafe Soldatenleichen von der Front bergen. Beim Abendessen lockt Wilhelm den betrunken Feldwebel von der Kompanie weg und ersticht ihn. Wilhelm flieht erneut und gelangt am Kriegsende mit einem Flüchtlingstreck zurück nach Berlin.

Charlotte (Miriam Stein) ist heimlich in Wilhelm verliebt. Als glühende Naziverehrerin meldet sie sich freiwillig als Krankenschwester »zum Dienst am deutschen Mann«. Sie denunziert in einem Frontlazarett die jüdisch-ukrainische Ärztin Lilja (Christiane Paul), bereut aber ihren Verrat und versucht bei der Evakuierung des Lazaretts einer russischen Hilfsschwester beizustehen. Dabei gerät Charlotte in die Fänge der Roten Armee. Die Soldaten erschießen die zurückgelassenen Kranken und vergewaltigen Charlotte. Sie wird von Lilja, die mittlerweile als Ärztin im Dienst der Roten Armee steht, am Ende jedoch gerettet.

Greta (Katharina Schüttler) träumt von einer Karriere als Sängerin. Obgleich sie mit dem Juden Viktor zusammen ist, beginnt sie eine Affäre mit dem SS-Sturmbannführer Dorn (Mark Waschke). Greta erhält für Viktor einen Reisepass und glaubt, er sei ins amerikanische Exil emigriert. In Wahrheit verhindert SS-Mann Dorn aber die Ausreise und lässt Viktor nach Auschwitz deportieren. Inzwischen gelingt Greta ein Hit mit einem Soldatenschlager. Im Glauben, als neuer Star unantastbar zu sein, provoziert sie in einer Kneipe Soldaten mit dem Spruch: »Der Endsieg fällt aus«. Dorn fürchtet, Greta könne eine Gefahr für seine Ehe und sein Ansehen werden, und lässt sie kurz vor Kriegsende inhaftieren und hinrichten.

Viktor gelingt die Flucht aus dem Zug nach Auschwitz und gelangt zu einer Untergrundgruppe der polnischen Befreiungsarmee, verheimlicht allerdings aus Furcht vor der antisemitischen Haltung einiger Befreiungskämpfer seine jüdische Herkunft. Als die Partisanengruppe einen deutschen Zug überfällt, um Waffen zu rauben, befreit Viktor jüdische Deportierte. Daraufhin schließt der polnische Partisanen-Anführer (Lucas Gregorowicz) Viktor aus der Gruppe aus. Viktor entgeht knapp dem grausamen Zugriff auf die Partisanengruppe durch Friedhelms SS-Einheit. Als einziger aus seiner Familie überlebt Viktor den Krieg. Nach Kriegsende trifft er in der Berliner Kneipe seine beiden überlebenden Freunde Charlotte und Wilhelm wieder. Alle drei sind vom Krieg schwer gezeichnet und nicht in der Lage, über ihre Kriegserlebnisse zu sprechen.

Erläuterung und Einordnung
Das ZDF strahlte den 1. Teil von *Unsere Mütter, unsere Väter* wiederum auf dem sogenannten »Pilcher«-Sendeplatz aus, nahm mit der schonungslosen und harten Kriegsdarstellung allerdings keine Rücksicht auf die Sehgewohnheiten des Sonntagabendstammpublikums. Auch das hohe Erzähltempo der fünf parallel dargestellten Geschichten kann als außergewöhnlich für den Sendeplatz angesehen werden. Trotz alledem lag die Einschaltquote von 7,2 Mio. über den sonst üblichen Werten (um 6,5 Mio.) am Sonntagabend.[3]

Der Anfang des Films bietet in gewisser Weise ein Muster für eine Identifikation des Zuschauers mit den jungen Filmfiguren. Die fünf Freunde feiern mit Swing-Musik eine rauschende Abschiedsparty. Die Inszenierung der Sequenz zielt auf die Sehgewohnheiten eines jüngeren Publikums von heute und wirkt in dieser Hinsicht anachronistisch. Wenig später bricht die Filmerzählung mit den zunächst positiv etablierten Hauptfiguren: Sie begehen Kriegsverbrechen, üben Verrat und werden untreu. Keiner von den fünf Freunden wird als moralisch guter Held dargestellt. Alle sind sowohl Täter als auch Opfer. Gleichzeitig gelingt es dem Film, die Handlungen der Figuren aus ihren Haltungen, Motivationen, Lebensumständen und der Zeit für den Zuschauer nachvollziehbar darzustellen.

---

3   Der 2. Teil erreichte am Montagabend, den 18.3.2013, 6,6 Mio. Zuschauer, der 3. Teil am Mittwochabend, den 20.3.2013, 7,6 Mio.

Drehbuchautor Stefan Kolditz legt am Anfang des Films der Friedhelm-Figur eine düstere Vorhersage in den Mund: »Der Krieg wird nur das Schlechteste in uns hervorbringen.« Regisseur Philipp Kadelbach und Kameramann David Slama zeigen immer wieder in Nah- und Großaufnahmen die Reaktionen der Protagonisten auf die Kriegserlebnisse. Als Friedhelm und Wilhelm mitansehen, wie hinter der Ostfront SS-Mann Hiemer Juden zusammentreibt und einem kleinen Mädchen in den Kopf schießt, geht die Kamera nicht ins Geschehen, sondern bleibt auf den Gesichtern der beiden Protagonisten. Sie sind schockiert, wütend und ohnmächtig, finden aber nicht den Mut, gegen die schreiende Ungerechtigkeit entschieden aufzubegehren. Durch eine solche Subjektivierung der Darstellung fordern die Filmemacher die Zuschauer auf, sich zu fragen, wie sie damals anstelle der Figuren gehandelt hätten. Und durch die subjektivierte Erzählweise gelingt es dem Film zu zeigen, wie das Kriegsgeschehen auf junge Menschen wirkt und was es mit ihnen macht (Menschlichkeitskriterium): Zunächst blinde Begeisterung und Illusionen gefolgt von ersten Schockerlebnissen und dann eine Desillusionierung; schließlich werden alle zu Tätern; sie stumpfen ab, der nackte Überlebenswille treibt sie weiter; sie versuchen sich durch kleine Wiedergutmachungen zu beruhigen, erleiden aber selbst traumatische Erfahrungen; am Ende herrscht Sprachlosigkeit bei den Überlebenden.

Die Filmemacher verwenden wie schon bei *Dresden* Archivaufnahmen, um Orte einzuführen und die Handlung in kapitelähnliche Teile zu untergliedern. Über den Bildern vom echten Kriegsgeschehen liest Wilhelm wie ein Erzähler aus dem Off aus seinem Kriegstagebuch vor, wodurch der hohe Anspruch des Films unterstrichen wird, eine fiktive Geschichte nah an der Wirklichkeit zu erzählen (Wahrhaftigkeitskriterium).

Das Unwahrhaftigste an diesem Film ist der Titel. Sein Plural weckt die Erwartung, der Film wolle die Geschichten mehrerer Elterngenerationen darstellen. Tatsächlich erzählt der Film nur die Geschichten der um 1920 geborenen »Generation War«, wie der amerikanische Verleihtitel lautet.

In Polen wurde der Handlungsstrang um Viktor und die Befreiungsarmee mit dem Hinweis heftig kritisiert, eine antisemitische Einstellung sei nicht grundsätzlich in der Partisanenarmee verbreitet gewesen. Insofern erreicht der Erzählstrang um Viktor im 2. und 3. Teil nicht den gleichen hohen Grad an Wahrhaftigkeit wie die Geschichten seiner Freunde.

Rezeption und Wirkung
ZDF, *Frankfurter Allgemeine Zeitung* (FAZ) und *Bild* begleiteten in einer beispiellosen Medienkampagne die Ausstrahlung des Dreiteilers im März 2013 und riefen ihre Zuschauer und Leser auf, in einen Generationendialog zu treten und über Kriegserlebnisse zu sprechen. Die *FAZ* veröffentlichte online einige Erlebnisberichte ihrer Leser dazu. Gleichzeitig lehnten politisch links stehenden Kritiker und Historiker den Film ab. Ulrich Herbert schrieb in der *taz*: »Unsere Väter und un-

sere Mütter waren eben nicht nur junge Leute, die einfach nur leben wollten... Es handelte sich um eine hoch ideologisierte, politisierte Generation.« Und für Ulrike Baureithel (*Der Freitag*) steht der Film im »Dienst der Renationalisierung von Geschichtsdeutung«.

Große Teile der Kriegskinder- und unmittelbaren Nachkriegsgeneration stehen einer emotionalen Erzählweise von Kriegsgeschichten reserviert gegenüber. Bis heute wirkt in dieser Generation ein selbst auferlegtes Mitleidsverbot für ihre Elterngeneration angesichts deren Verwicklung in die Verbrechen während der Nazi-Zeit. Die Kriegskinder- und die unmittelbare Nachkriegsgeneration glauben bis heute an ihren eigenen Mythos, die Verbrechen ihrer Eltern umfassend aufgearbeitet und ihnen erfolgreich die Schuldfrage gestellt zu haben. Dabei weist diese Generation einen blinden Fleck für die eigenen psychischen Folgen der Kriegsgeschehnisse auf.[4]

Der blinde Fleck ist durch das Schweigen der Eltern, die Scham über die deutsche Schuld und durch die eigenen Traumatisierungen am Ende des Kriegs zu erklären. Von der Kriegskindergeneration wurden durch Flucht, Bombardierungen und sexuelle Gewalt nach Schätzungen ca. 30 % leicht und ca. 30 % schwer traumatisiert.[5] Um psychisch überleben zu können, kapseln Traumatisierte ihre Erlebnisse und Gefühle innerlich ab. Psychologische Angebote zur Bearbeitung der Traumata fehlten nach dem Krieg völlig. Deutsche Psychiater weigerten sich bis Mitte der 1960er Jahre, posttraumatische Belastungsstörung als Krankheitsbild für Holocaust-Opfer, Kriegsheimkehrer und Kriegskinder überhaupt anzuerkennen. Bei den Traumatisierten führte die Abkapselung zu einer emotionalen Erstarrung. Eine Folge ist der Bruch mit der mündlich tradierten Familiengeschichte (»oral history«). Sie wird an die nächste Generation nur lückenhaft oder gar nicht weiter gegeben.[6]

Wir – die ab 1960 Geborenen – nahmen als Kinder die Seelenwunden unserer Eltern und Großeltern wahr. Jedoch verinnerlichten wir den häufig nonverbal vermittelten Auftrag, unsere Familien vor belastenden Fragen über die Taten und Erlebnisse im Krieg zu verschonen. Das still vereinbarte Schweigeabkommen in den Familien blieb nicht ohne Folgen für die nachgeborene Generation. Ab Ende der 1990er Jahre beobachteten Psychotherapeuten bei den ab 1960 Geborenen vielfach Symptome von traumatischen Erfahrungen, die diese Generation gar nicht selbst erlebt hatte. Daraus entwickelte sich die psychologische Erforschung der »transgenerationalen Weitergabe« von Traumata und der Auswirkungen auf die zweite und dritte Generation nach dem Krieg.[7]

---

4 Siehe: Hartmut Radebold im Interview. In *Der Spiegel*, 25.03.2013, 139ff.
5 Vgl. Radebold, *Transgenerationale Weitergabe*, 47.
6 Vgl. Ustorf, *Wir Kinder der Kriegskinder*.
7 Vgl. Radebold, *Transgenerationale Weitergabe*; Rauwald, *Vererbte Wunden*; Baer und Frick-Baer, *Wie Traumata in die nächste Generation wirken*.

Filme wie *Unsere Mütter, unsere Väter* und *Dresden* bieten den nachgeborenen Generationen nun die Möglichkeit, Kriegserfahrungen der Eltern- und Großelterngeneration nacherleben zu können und Einsichten in selbstverantwortete und in erlittene Formen der Gewalt zu gewinnen.

Aufgrund der Tatsache, dass die Filmemacher von *Unsere Mütter, unsere Väter* der zweiten und dritten Nachkriegsgeneration angehören, wirft der Journalist Wolfgang Michal ihnen in der *FAZ* vor, ihre »Wunschtraumata« verfilmt zu haben. Der Film sei somit nur eine neue Vermeidungsstrategie, um sich einer emotionalen Auseinandersetzung mit den älteren Generationen nicht stellen zu müssen. Doch ein derartiger Generalvorwurf könnte im Prinzip an alle historischen Erzählungen gerichtet werden und trifft nicht speziell diesen Film. Wie die Aufrufe zum Generationendialog im ZDF und in anderen Medien zeigen, schließt die Filmrezeption das anschließende Gespräch zwischen den Generationen nicht aus – im Gegenteil: Die Filmemacher wollen auf ihre Weise zur Wiederaufnahme der »oral history« in den Familien beitragen.

Allerdings erleben wir die Entstehung eines neuen Generations-Mythos. Die nachfolgende Generation tendiert zum Glauben, sich unvoreingenommen und unbelastet den Familien-(Kriegs)-Geschichten ihrer Eltern und Großeltern widmen zu können. Doch leiden auch die Kriegsenkel häufig unter einer sekundären Traumatisierung. Das Wissen, dass die psychischen Auswirkungen von Kriegsgewalt bis in die zweite, dritte und sogar vierte Generation reichen können, muss auch in der aktuellen Diskussion stärker eingelöst werden.

Auslandseinsatz (Das Erste 2012)

Inhalt

Daniel Gerber (Max Riemelt), ein besonnener Oberfeldwebel, und sein Freund Ronnie Klein (Hanno Koffler), ein hitzköpfiger Zeitsoldat, kommen im Zuge des ISAF-Einsatzes der Bundeswehr nach Afghanistan zu einem Außenposten in der Provinz von Kunduz. Beim ersten Antreten weist Hauptmann Glowalla (Devid Striesow) die beiden an, sich niemals in die internen Angelegenheiten der Afghanen einzumischen. Allerdings sollen Daniel und sein Trupp den Bewohnern eines entlegenen Bergdorfes beim Wiederaufbau einer Schule helfen. Dabei verliebt sich der junge Soldat Emal (Omar El-Saeidi), ein Deutscher mit afghanischen Wurzeln, in die engagierte Entwicklungshelferin Anna (Bernadette Heerwagen). Sie kennt als Lehrerin viele Familien im Dorf und erklärt den Soldaten die einfache und zum Teil archaische Lebensweise der Einheimischen. Dadurch nähern sich langsam deutsche Soldaten und Dorfbewohner an. Ronnie befreundet sich mit den beiden afghanischen Teenager-Brüdern Asib und Yalin.

Beim Schafhüten wird Yalin zufällig Zeuge, wie sich amerikanische Soldaten heimlich mit einem Taliban-Informanten treffen. Die Amerikaner erschießen den

Jungen, weil sie befürchten, er könnte ihren Informanten verraten. Ronnie will Yalins Mörder ausfindig machen, doch Hauptmann Glowalla untersagt Daniel als Truppführer, weitere Ermittlungen anzustellen, da diese nicht zu ihrem Zuständigkeitsbereich gehören. Daraufhin kommt es zwischen Daniel und Ronnie zu Auseinandersetzungen, die ihre Freundschaft auf eine Probe stellen.

Als eine zerstörte Brücke den Rückweg zu ihrer Basis versperrt, übernachtet der Trupp um Daniel in der Dorfschule. In der Nacht schleicht sich Emal heimlich davon, denn er hat Anna versprochen, mit ihr gemeinsam die junge Tara aus dem Dorf zu beschützen. Das afghanische Mädchen ist einem Taliban-Führer zur Hochzeit versprochen, damit die Taliban das Dorf in Zukunft nicht mehr behelligen. Doch Emal, Anna und Tara werden nach einem Schusswechsel mit den Taliban überwältigt und in eine Berghöhle verschleppt. Daniel und Ronnie missachten den Befehl, auf Unterstützung zu warten, und sie folgen der Spur zur Berghöhle. Den beiden Soldaten gelingt die Befreiung ihres Kameraden Emal. Doch als Emal sieht, dass die Taliban seine Geliebte Anna erschossen haben, ergreift er in Rage ein Sturmgewehr, läuft wild schießend auf die Taliban zu und wird selbst erschossen. Ronnie und Daniel gelingt mit Tara die Flucht aus der Höhle. Sie bringen das Mädchen später in die internationale Schule nach Kunduz.

Am Ende nehmen die beiden Freunde Abschied, denn Daniel muss sich in Deutschland vor dem Truppendienstgericht wegen Befehlsverweigerung verantworten und mit einer unehrenhaften Entlassung aus der Bundeswehr rechnen.

In der letzten Szene des Films hält eine amerikanische Patrouille vor Asib, der vorgibt, mit seinem Fahrrad gestürzt zu sein. In Wahrheit will sich Asib für die Ermordung seines Bruders Yalin an den Amerikanern rächen und sprengt sich als Selbstmordattentäter in die Luft.

Erläuterung, Rezeption und Wirkung
Anders als *Dresden* und *Unsere Väter, unsere Mütter* ist *Auslandseinsatz* mit einem relativ kleinen Budget gedreht worden. Der Film traf auf ein mäßiges Zuschauerinteresse von 3,7 Mio. und sein Marktanteil (11,8 %) lag leicht unterhalb des 12-Monats-Durchschnitts von Das Erste (12,2 %).

Jan Wiele von der *Frankfurter Allgemeine Zeitung* lobt die realistische Inszenierung von Regisseur Endemann und vertritt die Meinung: »Die schauspielerischen Einzelleistungen wiegen die Last der Konstruktion vielfach auf.« Kritischer betrachtet Tim Slagman von *Spiegel Online* den Film: »Ganz Afghanistan und der ganze Krieg zusammen in einer Fernsehproduktion: das ist einfach zu viel.«

In der Tat wirkt der Film in der Anhäufung seiner Geschichten überladen. Er erzählt die Storys von einer tragischen Liebe, einer gefährdeten Freundschaft, eines Dorfes zwischen den Fronten, einer fehlgeschlagenen Rettungsaktion, eines gescheiterten Bundeswehrsoldaten und nebenher noch die Geschichte eines Selbstmordattentäters. Durch die Kumulierung verspielt der Film einen Teil seiner Wahrhaftigkeit und Menschlichkeit, denn er stellt die Auswirkungen der Kampfhandlungen auf die Dorfgemeinschaft, die der eigentliche Verlierer zu sein scheint, nur am Rande und auch nur andeutungsweise dar. Dagegen kommen Ronnie zwar desillusioniert und Daniel ohne berufliche Perspektive, beide aber psychisch unbeschadet aus dem Einsatz heraus. Die Heimkehrer-Filme *Willkommen zu Hause* (SWR 2008) und *Nacht vor Augen* (ebenfalls SWR 2008) erzählen im Vergleich dazu konsequenter von den menschlichen Folgen des Afghanistan-Einsatzes auf ihre Protagonisten, die unter posttraumatischen Belastungsstörungen leiden.

Allerdings wagt *Auslandseinsatz* auf der Plotebene ein Experiment, das genauere Beachtung verdient. Nikola Bock, die Co-Autorin und Produzentin des Films, erzählt in einem Interview von ihrer Drehbuchrecherche bei deutschen Soldaten, die aus Afghanistan heimgekehrt sind:

> Mit Zunahme der Kampfhandlungen in Afghanistan wurde immer deutlicher, dass die Soldaten zwar mit großem Enthusiasmus und Engagement nach Afghanistan gehen, dann aber vor Ort und in der Rückschau von einem Gefühl großer Sinnlosigkeit erfüllt sind: Man will Gutes tun und erreicht nur Schlechtes. So lautete das Resümee vieler Soldaten. Das zu erzählen ist auch ein Kernanliegen des Films geworden.[8]

Um das Gefühl der Sinnlosigkeit in einer Geschichte auszudrücken, verwendet Drehbuchautor Holger Karsten Schmidt ein Plotmuster aus Märchen und Sagen: Ein Drache in den Bergen – hier die Taliban – verlangt ein Opfer aus der Dorfgemeinschaft – hier das afghanische Mädchen Tara. Doch ein tapferer Ritter bezwingt den Drachen und befreit das Dorf.

An dieser Stelle bricht Holger Karsten Schmidt das zugrunde liegende Handlungsmuster auf. Die deutschen Soldaten dürfen nicht den tapferen Ritter spielen. Emal versucht es trotzdem und stirbt im Kugelhagel der Taliban – ebenso wie seine Geliebte Anna. Immerhin gelingt es Ronnie und Daniel, das afghanische Mädchen Tara aus den Fängen des Taliban-Drachens zu befreien. Somit bedient Holger Karsten Schmidt am Ende ein Stück weit doch das märchenhafte Plotmuster.

Wir treffen hier auf eine interessante und für das Genre meines Wissens so noch nicht verwendete Handlungskonstruktion. Der Versuch der Filmemacher, für die neue Form des Krieges in Afghanistan eine neue Geschichte zu finden, sollte eine entsprechende Würdigung erhalten. Die Bundeswehr hat sich in den letzten Jahren zu einer weltweit operierenden Einsatzarmee entwickelt. *Auslandseinsatz* beantwortet als erster Film die sich daraus ergebende Frage, was die Kampfhandlungen solcher Einsatzarmeen mit Menschen machen: Soldaten und zivile Helfer sterben (Emal und Anna); Einheimische radikalisieren sich, wenn Morde von ausländischen Einsatzarmeen ungesühnt bleiben (Asib); der Glaube, man könne in

---

8   Aus Interview mit Nicola Bock. ZDF Mediathek »Auslandseinsatz«.

ein fremdes Land seine Soldaten senden und sich gleichzeitig heraushalten, entpuppt sich als Illusion. Zukünftige Antikriegsfilme werden in den nächsten Jahren dieselben Themen aufgreifen. Wir dürfen gespannt sein, ob solche Film eine schonungslosere und konsequentere Art und Weise der fiktionalen Darstellung finden werden.

Antikriegsfernsehfilme im Internet

Laut ARD/ZDF-Onlinestudie 2012 nutzen 75,9 % (53,4 Mio.) der Deutschen Online-Dienste.[9] Davon nehmen 30 % (16 Mio.) die Möglichkeit wahr, in den Mediatheken im Netz zeitversetzt Fernsehsendungen abzurufen – mit stark steigender Tendenz. Die Gründe für die hohen Zuwachszahlen bei der Fernsehnutzung im Netz sind vielfältig: Schnelle Internetverbindungen für höher auflösende Fernsehbilder sind mittlerweile Standard; die Zahl internetfähigen Fernsehgeräten (»Smart-TV«) nimmt zu; das Film- und Fernsehangebot im Netz wird weiter ausgebaut.[10] Gleichzeitig haben die Sender in ihren Online-Mediatheken die Angebote für zusätzliche Informationen rund um Fernsehfilme in den letzten Jahren ausgebaut, wie zum Beispiel an den drei hier vorgestellten Antikriegsfilmen nachvollzogen werden kann.

Jeder einzelne Teil von *Dresden* wurde direkt nach seiner TV-Ausstrahlung im März 2006 in die ZDF Mediathek gestellt, die wenige Jahre zuvor gegründet worden war. Die Filme waren dort jeweils sieben Tage lang abrufbar. Heute ist in der Online-Mediathek immer noch die damals ebenfalls ausgestrahlte Dokumentation *Das Drama von Dresden* von Guido Knopp und Sebastian Dehnhardt zu finden.

Verglichen damit bot die ARD Mediathek nach der TV-Ausstrahlung von *Auslandseinsatz* im Oktober 2012 eine noch größere Menge von abrufbaren Zusatzmaterialien an, z. B. Interviews mit Regisseur und Schauspielern sowie ein schriftliches Interview mit der Produzentin über die Entstehung des Fernsehfilms.

Das Zusatzangebot im Internet zu *Unsere Mütter, unsere Väter* erreichte, verglichen mit den beiden zuerst genannten Filmen, eine neue Qualität. In der ZDF Mediathek stehen zur Verfügung: eine zweiteilige Dokumentation, ein Trailer, Interviews mit Schauspielern, eine »Gedächtnis der Nation«-Seite mit Zeitzeugenberichten zur deutschen Geschichte, ein Chat und ein Web-TV-Bericht über eine

---

9 Birgit van Eimeren u. a. »Ergebnisse der ARD/ZDF-Onlinestudie«. www.ard-zdf-onlinestudie. de.

10 Nebenbei: Beachtenswert ist die gleichzeitige Zunahme von Internetnutzung (von 17 min. pro Tag im Jahr 2000 auf 83 min. im Jahr 2012) und Fernsehnutzung (von 203 min. pro Tag im Jahr 2000 auf 242 min. im Jahr 2012). Die weit verbreitete Annahme, die zunehmende Internetnutzung gehe auf Kosten der Fernsehnutzung, ist bislang nicht zu beobachten.

Diskussion zwischen Schülern und Filmemachern nach einem Screening sowie ein »Motion Comic« zum Film. Im Internet abrufbar ist auch die bereits erwähnte Leserdebatte in der Online-Ausgabe der *FAZ*. Damit können nun auch die neuen Möglichkeiten des Internets, nämlich die aktive Beteiligung der Zuschauer an Diskussionen in Chats und Foren, genutzt werden. Somit kann sich auch der gesellschaftliche Diskurs ausweiten, an den der israelische Psychologe und Erich-Maria-Remarque-Friedenspreisträger Dan Bar-On gedacht hat, als er zwar den Beitrag früherer TV-Produktionen zu dieser Auseinandersetzung lobte, aber für die Zukunft dennoch mehr erwartete:

> Die eigenen Verluste aufzuarbeiten und zu trauern ist enorm wichtig. Nachdem dies in Deutschland geschehen ist, wird vielleicht wieder die Energie da sein, um einen genaueren Blick auf die Involvierung deutscher Familien in den Holocaust zu wagen.[11]

Generell bietet das Internet neue Informations- und Recherche-Möglichkeiten, um schneller fiktive Darstellungen von Antikriegsfilmen auf ihren historischen und aktuellen Realitätsgehalt hin zu überprüfen. Die schnelle Überprüfbarkeit von Inhalten wirkt sich auch auf das Bewusstsein der Filmemacher aus, im Sinne der Wahrhaftigkeit noch präziser erzählen zu müssen. Schließlich wird sich niemand gern nachsagen lassen, einen unwahrhaftigen Antikriegsfilm hergestellt zu haben.

Im Hinblick auf den Zuschauer muss einschränkend erwähnt werden, dass das Netz auch Möglichkeiten für verzerrende und manipulierende Kriegsdarstellungen bietet. Schließlich ist nunmehr eine Medienkompetenz der Nutzer gefragt, von denen auch erwartet wird, dass sie Internetquellen unter den Aspekten von Glaubwürdigkeit, Zuverlässigkeit und verfolgten Interessen selbst einschätzen können.

Fazit

In den hier vorgestellten Filmen werden Kriegsgeschichten über normale Menschen und ›kleine‹ Soldaten erzählt. Wird eine solche Erzählperspektive für Geschichten aus dem Zweiten Weltkrieg gewählt, setzen sich Filmemacher der Gefahr aus, der Relativierung und Beschönigung bezichtigt zu werden. Was in derartigen Kritiken übergangen wird, ist das berechtigte Interesse der jetzigen Generationen, mehr über die Beteiligung der Vorfahren am Kriegsgeschehen zu erfahren. Filme besitzen die Fähigkeit, die menschlichen Auswirkungen von Kriegserfahrungen nacherlebbar zu machen und eine breite gesellschaftliche Diskussion anzustoßen, um die Kriegsprägung unserer Mütter und Väter, Großmütter und Großväter of-

---

11 Zitiert nach Ustorf, *Wir Kinder der Kriegskinder*, 9.

fenlegen und den nachfolgenden Generationen ins Bewusstsein rufen zu können.

Der Film *Auslandseinsatz* ist als erster Versuch einzuordnen, eine Geschichte über die menschlichen Auswirkungen von kriegerischen Kampfhandlungen in Afghanistan darzustellen. Der Film offenbart auch, dass die Suche nach einem geeigneten Plot für die Darstellung der Folgen einer weltweit operierenden Einsatzarmee, zu der sich die Bundeswehr im 21. Jahrhundert immer mehr entwickelt, eine Daueraufgabe bleiben wird.[12]

Wie mag in Zukunft ein Antikriegsfilm aussehen, der auch auf neue automatisch gesteuerte Kriegstechniken eingeht? Man denke etwa an Szenen mit unbemannten Drohnen, deren Angriffe von anonym agierenden Algorithmen gesteuert werden. Auch hier haben kriegskritische Filme die Aufgabe, Gefühle nacherlebbar darzustellen, z. B. wie es ist, einer Maschine gegenüber zu stehen, die darüber entscheidet, ob ich lebe oder sterbe.

---

12 Für 2013 ist z. B. die Ausstrahlung des bereits gedrehten NDR-Films *Entscheidung bei Kunduz* (Regie: Raymond Ley) geplant.

Ingo Regenbogen

Literatur

Udo Baer, Gabriele Frick-Baer. *Wie Traumata in die nächste Generation wirken. Untersuchungen, Erfahrungen, therapeutische Hilfen*. 2. Aufl. Berlin 2012.

Dan Bar-On. *Die Last des Schweigens. Gespräche mit Kindern von NS-Tätern*. Hamburg 2003.

Arnulf Baring. »Das große Feuer – ZDF verkitscht Dresdens Ende«. *Die Welt*, 06.03.2006. (online abrufbar)

Ulrike Baureithel. »3. Generation Deutschland«. *Der Freitag*, 05.04.2013. (online abrufbar)

Peter von Becker. »Schmalzbomben auf Dresden«. *Der Tagesspiegel*, 07.03.2006. (online abrufbar)

Heinz-B. Beller, Burkhard Röwekamp, Matthias Steinle (Hgg.). *All Quiet on the Genre Front? Zur Praxis und Theorie des Kriegsfilms*. Marburg 2006.

Birgit van Eimeren u. a. »Ergebnisse der ARD/ZDF-Onlinestudie«. www.ard-zdf-online-studie.de.

Michael Hanfeld. »In der Wut des Feuersturms«. *Frankfurter Allgemeine Zeitung*, 04.03.2006. (online abrufbar)

Ulrich Herbert. »Nazis sind immer die Anderen«. *taz*, 21.03.2013. (online abrufbar)

Marit Hofman. »Dresden – Make love not war«. *Konkret* 03/2006 (online abrufbar bei filmgazette.de)

Hartmut Radebold, Werner Bohleber, Jürgen Zinnecker (Hgg.). *Transgenerationale Weitergabe kriegsbelasteter Kindheiten. Interdisziplinäre Studien zur Nachhaltigkeit historischer Erfahrungen über vier Generationen*. 2. Aufl. Weinheim, München. 2009.

Hartmut Radebold im Interview. *Der Spiegel*, 25.3.2013, 139ff.

Marianne Rauwald (Hg.). *Vererbte Wunden: Transgenerationale Weitergabe traumatischer Erfahrungen*. Weinheim, Basel 2013.

Burkhard Röwekamp. *Antikriegsfilm. Zur Ästhetik, Geschichte und Theorie einer filmhistorischen Praxis*. München 2011.

Tim Slagman. »Talk, Talk, Talk am Hindukusch«. *Spiegel Online*, 16.10.2012. (online abrufbar)

Anne-Ev Ustorf. *Wir Kinder der Kriegskinder. Die Generation im Schatten des Zweiten Weltkriegs*. 4. Aufl. Freiburg 2013.

Jan Wiele. »Stell dir vor, es ist Krieg und wir gehen hin«. *Frankfurter Allgemeine Zeitung*, 17.10.2012. (online abrufbar)

Anhang: Liste deutschsprachiger Kriegsfilme seit dem Jahr 2000

Erster Weltkrieg

Der Rote Baron, Spielfilm, D 2008, Buch und Regie: Nikolai Müllerschön.
Unter kaiserlicher Flagge, Doku-Drama, D 2006, Buch und Regie: Jürgen Stumpfhaus.

Zweiter Weltkrieg

4 Tage im Mai, Spielfilm, D 2011, Buch: Achim von Borries, Eduard Reznik, Regie: Achim von Borries.
Anonyma – Eine Frau in Berlin, Spielfilm, D 2008, Buch: Max Färberböck, Catharina Schuchmann, Regie: Max Färberböck.
Der Untergang, Spielfilm, D 2004, Buch: Bernd Eichinger, Regie: Oliver Hirschbiegel.
Die Brücke (Remake), Fernsehfilm, D 2008, Buch: Wolfgang Kirchner, Original: Michael Mansfeld, Karl-Wilhelm Vivier, Bernhard Wiki, Regie: Wolfgang Panzer.
Die Flucht, Fernsehfilm, D 2007, Buch: Gabriela Sperl, Regie: Kai Wessel.
Die Gustloff, Fernsehfilm, D 2008, Buch: Rainer Berg, Regie: Joseph Vilsmaier.
Die letzte Schlacht, Doku-Drama, D 2005, Buch und Regie: Hans-Christoph Blumenberg.
Dresden, Fernsehfilm, D 2006, Buch: Stefan Kolditz, Regie: Roland Suso Richter.
Napola – Elite für den Führer, Spielfilm, D 2004, Buch: Dennis Gansel, Maggie Peren, Regie: Dennis Gansel.
Rommel, Fernsehfilm, D 2012, Buch und Regie: Niki Stein.
So weit die Füße tragen (Remake), Spielfilm, D 2001, Buch: Bernd Schwamm, Bastian Cleve, Hardy Martins, Regie: Hardy Martins.
Speer und Er, Doku-Drama, D 2005, Buch und Regie: Heinrich Breloer.
Stauffenberg, Fernsehfilm, D 2004, Buch und Regie: Jo Baier.
Unsere Mütter, unsere Väter, Fernsehfilm, D 2013, Buch: Stefan Kolditz, Regie: Philipp Kadelbach.

Vietnamkrieg (1965–1973)

Deadly Nam, Spielfilm, D 2006, Buch: Hendrik Thiele, Regie: Markus Hagen.

Jugoslawienkriege (1991–1999)

Mörderischer Frieden (auch *Snipers Valley*), Spielfilm, D 2007, Buch: Jan Lüthje, Rudolf Schweiger, Regie: Rudolf Schweiger.

Sturm, Spielfilm, D, DK, NLD 2009, Buch: Bernd Lange, Hans-Christian Schmid, Regie: Hans-Christian Schmid.

Afghanistan (2001–heute)

An einem Tag in Kunduz – Der tödliche Befehl, Doku-Drama, D 2011, Buch: Mathis Feldhoff, Andreas Huppert, Birgit Maiwald, Regie: Winfried Oelsner.
Auslandseinsatz, Fernsehfilm, D 2012, Buch: Holger Karsten Schmidt, Regie: Till Endemann.
Nacht vor Augen, Fernsehfilm, D 2008, Buch: Johanna Stuttmann, Regie: Brigitte Bertele.
Willkommen im Krieg, Fernsehfilm, D 2012, Buch: Christian Pötschke, Regie: Oliver Schmitz.
Willkommen zu Hause, Fernsehfilm, D 2008, Buch: Christian Pfannenschmidt, Regie: Andreas Senn.

Dritter Kongokrieg (2006–2009)

Kongo, Fernsehfilm, D 2010, Buch: Alexander Adolph, Regie: Peter Keglevic.

Lioba Meyer

Sturz in den Tod vor den Augen der Welt
Der 11. September in Don DeLillos Roman *Falling Man*
Eine Abrechnung mit Terror und Krieg als Medienereignis

> Es war keine Straße mehr, sondern die Welt, Zeit und Raum aus fallender Asche und nahezu Nacht.[1]

Leise, fast geräuschlos beginnt der Roman *Falling Man*, der in die Reihe der Romane Don DeLillos gehört, die den amerikanischen Alltag beschreiben, vor allem die Kehrseite des amerikanischen Traums.

»Die Welt ist eine Erzählung«, schreibt Don DeLillo 3 Monate nach dem 11. September, »und diese Erzählung endet in Staub und Zerstörung, und es liegt an uns, eine Gegenerzählung zu erfinden.«[2] Diese Gegenerzählung schrieb Don DeLillo 2007 mit seinem Roman *Falling Man*, in dem er sich mit dem 11. September 2001 auseinandersetzt.

Ich möchte Ihnen den Roman vorstellen, indem ich mich mit dem 11. September als Medienereignis, der Struktur des Romans und dem leitenden Symbol des Romans, dem Falling Man auseinandersetze.

Zum Inhalt des Romans

Ausgangspunkt des Romans sind die Terroranschläge vom 11. September 2001, bei denen zwei Flugzeuge in die beiden Türme des World Trade Centers in Manhattan flogen und diese zum Einsturz brachten. Keith Neudecker, der in einer Anwaltskanzlei im World Trade Center gearbeitet hat, kann sich aus einem der brennenden Türme retten, ist jedoch psychisch völlig verstört. Er schlägt sich durch zu seiner Ex-Frau Lianne, von der er seit einiger Zeit getrennt lebt, und seinem kleinen

---

1   Don DeLillo. *Falling Man*. München 2009, 7ff., im Folgenden im Text FM mit Seitenangabe.
2   *Harper's Magazine*, Dezember 2001, 33–40.

Sohn Justin. Verzweifelt klammern sich Keith und Lianne aneinander. Sie wollen aus der Einsamkeit in ein gemeinsames Leben zurück finden. Doch dieser Versuch gelingt nicht. Die Fremdheit des Paares ist nur durch die Notsituation verdeckt worden. Keiths Unfähigkeit, sein Erlebtes mitzuteilen, verschärft die Sprachlosigkeit zwischen den beiden.

Keith durchlebt immer wieder das Trauma seiner Flucht aus den Türmen und beginnt eine kurze Affäre mit Florence, einer ihm völlig unbekannten Frau, deren Aktentasche er aus dem brennenden Turm mitnahm. Florence arbeitete wie er im World Trade Center. Mit ihr allein kann Keith vorbehaltlos über das sprechen, was er auf seiner Flucht aus dem Chaos nach dem Anschlag erlebt hat, da sie ihr gemeinsames Erleben verbindet. Auch wenn der Alltag scheinbar bald weitergeht: Keith und Lianne sind verstört, ebenso wie Justin. Er und seine Freunde versuchen im Spiel ihre Angst zu überwinden, indem sie gemeinsam mit einem Fernrohr den Himmel nach weiteren Flugzeugen und einem Mann absuchen, den sie Bill Lawton nennen, wohl in Anlehnung an Bin Laden.

In den Tagen nach den Anschlägen liest Lianne fast manisch alles, was in den Medien über die Anschläge veröffentlicht wird, und sieht sich bald überall bedroht von Terroristen. Bei ihrem ziellosen Irren durch die Stadt erlebt sie einen Performance-Künstler, der den Sturz des »Falling Man« vom 11. September an verschiedenen Orten Manhattans nachstellt, indem er sich von Gebäuden oder Brücken in die Tiefe stürzt.

Während Lianne am Ende des Romans Ruhe findet und es von ihr heißt: »Sie war bereit zum Alleinsein, in verlässlicher Ruhe, sie und der Junge, so wie sie es gewesen waren, bevor an jenem Tag die Flugzeuge auftauchten« (FM 271), zieht Keith sich schließlich ganz in die glitzernde Scheinwelt von Las Vegas zurück und wird zum professionellen Pokerspieler: »Er passte sich in etwas ein, das für ihn maßgeschneidert war«, heißt es von ihm.

> Nie war er so sehr er selbst wie in diesen Räumen, wo ein Kartengeber einen freien Platz an Tisch siebzehn ausrief... Auf das Spiel kam es an, das Stapeln der Chips, das schnelle Zählen mit einem Blick, Spiel und Tanz von Hand und Auge. Er identifizierte sich mit diesen Dingen. (FM 257f.)

Am Schluss erinnert Keiths Verhalten an einen Automaten, indem er sich ganz den Übungen für seinen bei dem Terroranschlag verletzten Arm hingibt:

> Er blickte auf die staubige Scheibe und sagte sich Passagen vom Merkblatt vor. Halten und bis fünf zählen. Zehnmal wiederholen. Er machte jedes Mal das volle Programm, Hand hoch, Unterarm flach, Hand runter, Unterarm seitlich, das Tempo nur wenig verlangsamend, Tag und Nacht und dann wieder am nächsten Tag, zog es in die Länge, damit er mehr davon hatte. Er zählte die Sekunden, er zählte die Wiederholungen. (FM 270)

Beiläufig bemerkt Don DeLillo zu den vergeblichen Versuchen von Keith und Lianne, wie gewöhnlich weiter zu leben: »Die Dinge waren gewöhnlich wie immer. Die Dinge waren in jeder Hinsicht so, wie sie immer waren.«

Der 11. September als Medienereignis

Der Titel des Romans geht auf das berühmte Foto des AP-Fotografen Richard Drew zurück, das am Tag nach dem Anschlag in vielen Zeitungen veröffentlicht wurde. Es zeigt einen Mann, der sich aus einem oberen Stockwerk des World Trade Center stürzt und kopfüber im freien Fall befindet. Im Hintergrund ist der Turm zu sehen.

Es gibt kaum ein Ereignis, das so wie der 11. September weltweit live am Fernseher miterlebt wurde. Seine Bilder haben sich ins Gedächtnis der Menschen eingegraben.

Terror und Krieg sind heute nicht mehr denkbar ohne Bilder von Terror und Krieg. Sie werden global im Fernsehen und im Netz wahrgenommen. Sie werden in Bildern erinnert, gedeutet, sie verselbständigen sich. Bilder können Gewalt und Hass schüren, sie können lügen, dramatisieren und vor allem: Sie können manipulieren. Sie dringen über Fernsehen und Internet ein in die Privatsphäre der Menschen, sie suggerieren unmittelbare Teilhabe.

Den 11. September erlebten die Fernsehzuschauer live als Gruselunterhaltung auf dem heimischen Sofa. Und noch etwas anderes wurde zum globalen Erlebnis via Fernsehen: Die Rechtfertigung eines sog. Antiterrorkrieges, den der damalige US-Präsident George W. Bush begründete mit dem »Kampf gegen die Achse des Bösen«, einer Begrifflichkeit, die an die Kreuzzugpredigten des Mittelalters erinnerte: Den Kreuzrittern winkte der Lohn im Himmel, den Heiden aber der Rachen des Teufels.

Heute wie damals dienen solche Worte in Wahrheit der ideologischen Rechtfertigung von Machtinteressen: Der 11. September diente als Rechtfertigung des Krieges gegen den Irak als »Krieg gegen den Terror«. In Wahrheit jedoch rechtfertigte die Bush-Administration mit dem 11. September ihre Expansionspolitik in Zentralasien und im Nahen Osten. So schockierend der Anschlag des 11. September selbst war, so wenig lässt er sich denken ohne das, was aus ihm folgte: Zwei Kriege mit zehntausenden Toten in Afghanistan und im Irak und einem Amerika, dessen moralische und politische Autorität zutiefst beschädigt wurde.

Das Netz macht heute den 11. September jederzeit verfügbar. Wer ins Internet geht, kann ihn in vielfachen Aufzeichnungen finden: Auf YouTube, auf Facebook, man kann ihn googlen in Fotos, in Texten und Fotocollagen. Und immer, wenn sich der Jahrestag nähert, kommen neue Aufzeichnungen, neue Kommentare dazu.

Die Frage, der ich nachgehen möchte, ist: Taugt Literatur in einer globalisierten Welt noch dazu, die Zusammenhänge eines solch weltverändernden Ereignisses zu begreifen, oder hängt das Verstehen komplexer Ereignisse nicht eher von der Datenmenge im Netz oder Nachrichten im Fernsehen als von einer literarischen Bearbeitung ab? Wirkt nicht sogar fiktionale Literatur angesichts der weltpolitischen Bedeutung des 11. Septembers, der zwei Kriege auslöste, sentimental oder gar banal? Haben sich doch die Bilder des 11. September durch Fernsehen und Internet in das kollektive Gedächtnis eingebrannt und bilden damit die Folie für jede ästhetisch-literarische Auseinandersetzung mit dem Anschlag.

Die Frage also: Wie geht ein Autor mit einem Ereignis um, das sich in den digitalen Medien längst verselbstständigt hat, das in Bildern und Aufzeichnungen erinnert wird.

Zu Aufbau und Struktur des Romans

Der Romananfang versetzt den Leser mitten hinein in die Szenerie der Zerstörung und des Schreckens. Die Darstellung erinnert an Kameraeinstellungen, wie wir sie aus der Filmsprache kennen: Zunächst wird das Gesamtpanorama der einstürzenden Türme aus der Einstellung der Totalen geschildert: »Es war keine Straße mehr sondern eine Welt, Zeit und Raum aus fallender Asche und nahezu Nacht.« (FM 7)

Doch schon in den folgenden Sätzen zoomt der Kamerablick des Autors in die Halbtotale und lässt die globale Welt zur Straße schrumpfen: »Das war jetzt die Welt. Qualm und Asche kamen die Straße entlang gewalzt.«

Der Kamerablick endet in der Nahaufnahme, bei der Figur des Keith Neudecker, der aus Asche und Qualm, durch Trümmer und Schlamm heraus stolpert, Glassplitter im Gesicht, Blut, das nicht seines ist, auf dem Hemd und einen Aktenkoffer in der Hand, der ihm nicht gehört.

Vorsichtig tastend versucht dieser Keith Neudecker, dem Tod eben entkommen, in sein Leben zurück zu finden: »Er versuchte sich zu sagen, dass er am Leben war, aber der Gedanke war zu vage, um sich fest zu setzen.« (FM 10)

Mit der Figur des Keith Neudecker nähert sich Don DeLillo dem großen amerikanischen Schock, der medial bis in die letzte Konsequenz ausgeleuchtet ist. Er begibt sich dabei nicht in Konkurrenz mit den vielfältigen Dokumentationen des 11. Septembers im Internet – ein Konkurrenzkampf, den er unweigerlich verlieren würde – sondern konzentriert sich darauf, den Folgen des Anschlags für die Menschen nachzuspüren.

Don DeLillo erzählt die Geschichte eines Mannes, der verwirrt und ohne Halt durch den Roman stolpert, eines Mannes, der sich seiner selbst immer wieder vergewissern muss, weil alles seine ursprüngliche Bedeutung verloren zu haben scheint. Sogar seine eigene Wohnung ist ihm fremd geworden:

Er stand da und schaute und er fühlte etwas so Einsames, dass er es hätte berühren können. Am Fenster flatterte das unversehrte Blatt Papier im Wind, und er ging hinüber, um nachzuschauen, ob er etwas entziffern konnte. Stattdessen betrachtete er den sichtbaren Streifen von One Liberty Plaza und zählte die Stockwerke, auf halbem Wege nach oben verlor er das Interesse und dachte an etwas anderes... Er sah in den Kühlschrank. Vielleicht dachte er an den Mann, der früher hier gewohnt hatte.

Dann, als wolle er sich seiner selbst vergewissern, heißt es weiter: »Er sagte: ›Ich stehe hier‹, und dann, lauter: ›Ich stehe hier.‹« (FM 32)

Die Verwirrung des Keith Neudecker spiegelt sich auch in der Struktur des Romans: Die Handlung springt in kürzesten Abständen hin und her zwischen Rückblenden und Gegenwart, verwirrend, übereinander geschichtet wie die Trümmer der in sich zusammengebrochenen Türme. Es sind Erinnerungsschichten, gemischt mit Assoziationen, vergleichbar der Wahrnehmung der Alzheimerpatienten in dem Roman, die Lianne, Keiths Frau, in einer Schreibgruppe betreut.

Don DeLillo konfrontiert die Versuche dieser an Gedächtnisschwund leidenden Menschen mit dem Wunsch von Keith und Lianne, das Ausmaß des Terroranschlags zu begreifen.

Mit dieser Gegenüberstellung erteilt Don DeLillo jedem Versuch einer allgemein gültigen Interpretation des 11. September eine klare Absage und gibt der Verwirrung und dem Zweifel den Vorzug.

Von der Alzheimer-Schreibgruppe heißt es: »Ihr Wunsch: ›Sie wollten über die Flugzeuge schreiben‹.« (FM 37)

Sie schrieben darüber, wo sie waren, als es geschah. Sie schrieben über Leute, die sie kannten und die in den Türmen gewesen waren oder in der Nähe, und sie schrieben über Gott. Wie konnte Gott das geschehen lassen? [...] Sie unterbrachen einander, fuchtelten, wechselten das Thema, übertönten einander, schlossen die Augen nachdenklich oder verblüfft oder in verzweifeltem Wiedererleben des Ereignisses. (FM 69f.)

Das Schreiben ermöglicht den Kranken, sich den Bildern der einstürzenden Türme zu nähern und diese Annäherung macht sie glücklich:

Es gab tausend Momente von Hochstimmung bei den Teilnehmern, wenn sie auf die glücklichen Kreuzungspunkte von Einsicht und Erinnerung stießen, die der Akt des Schreibens ermöglicht. (FM 35)

Allerdings: Über die Türme können sie nur schreiben, indem sie über sich selbst schreiben: »»Wenn Gott das erlaubt hat, das mit den Flugzeugen, hat Gott dann auch gewollt, dass ich mich heute Morgen beim Brotschneiden am Finger verletze?‹... ›Zeig uns den Finger‹, sagte Benny, ›Wir wollen ihn küssen.‹« (FM 70) Oder sie suchen Trost, indem sie dem Bild der Zerstörung der Dinge ein Traumbild vom Menschen entgegenstellen: Sie stellen sich Menschen vor, die Hand in Hand von den Türmen fallen vor dem Hintergrund der verbogenen Stahlkolosse: »Aber als die Türme fielen, schrieb Omar. Ich höre immer, sie seien Hand in Hand hinunter gesprungen.« (FM 70)

In einem Interview erklärt Don DeLillo, dass er für seinen Roman über ein politisches Ereignis den Weg des Privaten gewählt habe, weil die Macht der Geschichte sich in diesem intimen Rahmen, im Innenleben der Charaktere viel deutlicher bemerkbar mache. Vielleicht sei ja der Roman ein Ort, der jene Leerstelle fülle, welche das offizielle Gedenken hinterlasse.[2]

Immer wieder verwendet der Autor dabei Ausdrucksmittel, die aus der Filmsprache bekannt sind: Kameraeinstellungen und Montagetechnik. Bunte Farben fehlen in der Anfangsszene völlig, es dominieren das Grau und Schwarz von Asche und Qualm, die alle Geräusche dämpfen, nur hier und da leuchtet kurz das Weiß der herumfliegenden Papiere auf, das aber gleich wieder vom Aschegrau geschluckt wird. Eine eigenartige Stille herrscht, die Asche dämpft alle Geräusche, das Geschehen wird in ruhigen, fast stehenden Bildern erzählt:

> Es war der Turm, der taumelte. Irgendwann merkte Keith, dass der Turm nicht weiter kippte. Das Kippen fühlte sich ewig lang und unmöglich an, und er saß da und lauschte, und nach einer Weile schwang der Turm allmählich zurück. (FM 276f.)

Das Bild der totalen Zerstörung vom Romananfang bildet mit dem Schlussteil ein Gesamtbild, das das ganze Ausmaß des Terroranschlags erkennen lässt.

Und in diesen Rahmen, der den Terroranschlag selbst beschreibt, fügt Don DeLillo die ständig wechselnden Szenen ein, die das Leben von Keith und Lianne nach dem Anschlag nachzeichnen, Gedanken, Reflexionen, Gespräche, Erinnerungen, die sich überlagern, Rückblenden, die unvermittelt mit der Gegenwart wechseln, mal aus der Sicht von Keith, mal aus der Liannes. Kurze Spots, die die Hilflosigkeit und Verwirrung spiegeln.

Ein paar Beispiele: So erzählt Don DeLillo von Keith, der Lianne seine Beziehung zu Florence erklären möchte. Elfmal setzt Keith an: »Er würde ihr von Florence erzählen« (FM 184f.), und elfmal formuliert er mögliche Reaktionen Liannes. Erst der zwölfte Versuch, hinausgezögert durch eine eingeschobene Schilderung des Performance-Künstlers, offenbart den wahren Wunsch von Keith: Er möchte, dass Lianne ihn versteht:

> Sie würde ihn ansehen und warten. Er würde ihr erzählen, dass das in Wahrheit nicht die Art der Beziehung gewesen sei, die die Menschen meinen, wenn sie das Wort Affäre benutzen.... sie würde nichts sagen und warten... Sie würde auf dem Stuhl sitzen, auf dem nie einer saß, dem Mahagoni-Sidechair, der an der Wand zwischen Schreibtisch und Bücherregal stand, und er würde sie anschauen und warten. (FM 190)

---

2 Peter Korte. »Ästhetik des Schreckens. Interview mit Don DeLillo«. *Spiegel online*, 09.09.2007.

Dieses Verstehen Liannes jedoch bleibt reine Wunschvorstellung, es wird nie Wirklichkeit.

Dann Lianne: Als sie, die in vielen Gesprächen mit ihrer Mutter und deren Lebensgefährten ihr Leben zu verstehen sucht, selbst den Performance-Künstler erlebt, der den Falling Man nachstellt, spürt sie ihre ganze Hilflosigkeit, ihre Unfähigkeit, das zu deuten, was am 11. September geschah. Es gelingt ihr nur auf der Ebene der persönlichen Erfahrung: »Aber warum stand sie hier und sah ihm zu?... Weil sie ihren Mann sah, irgendwo in der Nähe... Sie sah ihn, an einem Fenster hoch oben, aus dem Qualm quoll.« (FM 191)

Diese kurzen Abschnitte und der ständige Szenenwechsel erinnern auch an die Papierschnitzel, die in der Anfangs- und Schlussszene aus dem Ascheregen auftauchen, durcheinander gewirbelt und sofort wieder geschluckt von dem alles verschlingenden Grau.

Die Schlussszene schließlich ist eine meisterhafte Montage: Fast unbemerkt schlägt die Schilderung der Terroristen im Flugzeug um in die Schilderung der Detonation, wie Keith sie im Turm erlebt. Die Montage dieser Handlungsmomente, die unvermittelt vom Inneren des Cockpits in das Innere des Turms überleitet, nimmt den Leser unmittelbar in das Geschehen hinein.

Diese Unmittelbarkeit wird noch unterstrichen durch die detailgenaue Beschreibung einer sich drehenden Wasserflasche, die der Terrorist Hammad im Flugzeug beobachtet – eine Darstellungsweise, die an die Montagetechnik großer Filmemacher wie Sergej Eisenstein erinnert:

Das Flugzeug war jetzt gesichert, und er saß in dem Notsitz gegenüber der Bordküche und hielt Wache... Er schnallte sich an. Eine Flasche fiel in der Bordküche von der Ablage auf der anderen Seite des Gangs, und er beobachtete, wie sie hin und her rollte, eine leere Wasserflasche, die einen Bogen machte in die eine Richtung und in die andere zurückrollte, und er beobachtete, wie sie sich immer schneller drehte und dann über den Boden schlitterte, einen Augenblick bevor das Flugzeug auf den Turm prallte, Hitze, dann Kerosin, dann Feuer, und eine Druckwelle schoss durch das Gebäude, die Keith Neudecker aus seinem Stuhl riss, in eine Wand. Er fühlte, wie er in eine Wand lief. Er ließ das Telefon fallen, als er auf die Wand prallte. Der Boden begann unter ihm wegzurutschen, und er verlor das Gleichgewicht und glitt an der Wand hinab zu Boden. (FM 275f.)

Die Beschreibung der Wasserflasche nimmt vorweg, was Keith Neudecker später erlebt: Verwirrung und Orientierungslosigkeit.

So spiegelt die Struktur des Romans das Chaos nach dem Einsturz der Türme. Gleichzeitig aber auch spiegelt die Romanstruktur die Verwirrung des Keith, in dessen Figur die tiefe Verstörtheit einer ganzen Nation angesichts dieses Anschlags deutlich wird. Sie legt die Zerstörung des offiziell verordneten Selbstbilds von einem moralisch sauberen Amerika offen, das in sich zusammenfällt wie die Türme. Diese Zerstörung beschreibt Don DeLillo am Schluss:

Das einzige Licht war spärlich jetzt, das Licht des Danach, aufgehoben in den Über-
resten zermalmter Materie, den Ascheruinen von allem, das vielfältig und mensch-
lich ist und oben in der Luft schwebte... Er sah den Männern nach, wie sie in die
betäubte Ferne liefen. Denn dort war alles, überall, und zerfiel, Straßenschilder, Menschen, Dinge, die er nicht benennen konnte. (FM 283f.)

Das Bild vom Falling Man

Ein Bild ist es jedoch, dass sich dieser Zerstörung widersetzt: Das Bild des Falling
Man. Jenes Mannes, der kopfüber, ein Bein angewinkelt, eingefroren in den Sekun-
den vor seinem Tod, in die Tiefe fällt vor den gnadenlosen vertikalen Linien der
Türme aus Stahl und Glas, diesen Symbolen von Macht und Geld. Ein Bild, voll-
kommen schön und kaum zu ertragen. Der stille Protest des Individuums, seine
Selbstbestimmung, seine Kraft: da, nicht im offiziell verordneten Selbstbild einer
Nation, könnte Hoffnung verortet sein. Don DeLillo zeigt den Falling Man aus
zwei Perspektiven: Einmal aus dem einstürzenden Turm:

Dann etwas ... draußen, es flog am Fenster vorbei. Etwas flog am Fenster vorbei, und
dann sah Keith es. Zuerst flog es vorbei und war weg, und dann sah er es und blieb
einen Moment stehen und starrte hinaus. Er sah es immer noch, unentwegt, sieben
Meter entfernt, einen Moment flog da etwas seitwärts, am Fenster vorbei, weißes
Hemd, Hand erhoben, im Fall, bevor er es sah. (FM 279)

Und dann von außen, aus Sicht des Photographen, seines Fotos. Lianne sucht es im
Internet, nachdem sie den Performance-Künstler erlebt hat: Sie klickt sein Bild im
Internet an und erinnert sich:

Als sie es das erste Mal gesehen hatte, in der Zeitung, traf es sie mit voller Wucht.
Der Mann kopfüber, die Türme hinter ihm. Die Masse der Türme füllte den Bildaus-
schnitt aus. Der fallende Mann, die aneinander grenzenden Türme, dachte sie, hinter
ihm. Die gewaltigen emporschwingenden Linien, die vertikalen Streifen der Säulen.
   Der Mann mit Blut auf dem Hemd, dachte sie, oder Brandflecken, und die Wirkung der Säulen hinter ihm, die Komposition, dachte sie, dunklere Streifen am näher
gelegenen nördliche Turm, hellere am anderen, und die Masse, das Immense der
Masse, und der Mann, fast präzise zwischen den Reihen dunklerer und hellerer Streifen platziert. Kopfüber, freier Fall, dachte sie, und dieses Bild brannte ein Loch in
ihren Geist und ihr Herz, lieber Gott, es war ein fallender Engel, und seine Schönheit
war entsetzlich. (FM 253f.)

Schönheit und Entsetzen: Beides verbindet der Autor in diesen Beschreibungen
des Falling Man. Er lässt offen, was überwiegen wird.

Schreiben gegen Terror und Krieg – Versuch einer abschließenden Bewertung

Bilder und Dokumente im Netz können zeigen, wie und in welchem Tempo sich unsere Welt ändert. Durch ihre Vernetzung sind sie längst unverzichtbarer Bestandteil von Wissen und Kommunikation geworden. Sie haben unsere Welt verändert und gleichzeitig haben sie Literatur zunehmend unverzichtbar gemacht, Literatur, die zum Innehalten herausfordert und dem schnellen Vergessen das Erinnern entgegenstellt, das Gedächtnis. Und wo wird das deutlicher als in dem Bild des Falling Man, das die Sekunde zwischen Leben und Tod für immer festhält, eingefroren zu einem Bild, das Don DeLillo gegen die Dynamik der Zerstörung setzt?

Don DeLillo hat sich dieser Herausforderung gestellt. Er beschreibt nicht nur eine sich verändernde Welt, sondern eine veränderte *Wahrnehmung* von Welt, indem er den Ort des Privaten und Persönlichen wählt, um sich dem 11. September und seinen politischen Folgen zu nähern. Für ihn ist das Private der Platz, wo das Politische greifbar wird.[3]

Der Roman *Falling Man* verdichtet ein politisches Geschehen zu einem Einzelbild, indem er von Keith erzählt, der sich in einem Amerika, das längst seine Unschuld verloren hat, nicht mehr zurecht findet. Damit stellt der Roman der Fülle von Informationen im digitalen Netz die Reflexion entgegen. Er verwandelt das, was geschehen ist, in Gedächtnis und bewahrt es auf. Er macht das Geschehen zu Geschichte.

Aber Don DeLillo bleibt nicht bei einem Einzelbild. Vielmehr lässt er in dem Einzelnen das große politische Geschehen erkennen. Denn Keith Neudeckers Trauma, das ist das Trauma einer ganzen Nation, wenn es am Schluss von ihm heißt:

> Das waren die Träume danach und jetzt die Jahre, eintausend keuchende Träume, der Mann in der Falle, die fixierten Gliedmaßen, der Traum von der Lähmung, der keuchende Mann, der Traum vom Ersticken, der Traum von der Hilflosigkeit. (FM 264)

Don DeLillo hat es gewagt, einen Roman zu schreiben über ein Ereignis, das global in den digitalen Medien präsent ist. Mit dem Weg in das Innere der Menschen ist ihm dieser Balanceakt gelungen. Er spürt die sensorischen Erschütterungen und verborgenen Verletzungen auf, die der Terroranschlag ausgelöst hat, und legt sie bloß, während die Normalität sich sofort daran macht, das Ungeheuerliche in die Bahnen des Gewöhnlichen einzupassen, es weg zu drängen, weil das Leben irgend-

---

3 Vgl. dazu Georg Diez. »Nähe. Distanz. Kälte«. *Die Zeit*, 17.05.2007.

wie weitergehen muss.[4] Don DeLillo beschreibt, was es bedeutet, in diesen Zeiten der Täuschung, der Machtgier, des Hasses zu leben, und trifft Amerika damit mitten ins Herz.

Der Roman *Falling Man* bietet nicht Trost, er beschreibt, wie es der Journalist Georg Diez einmal formuliert hat, die »Verbindung von Normalität und Wahnsinn, aus der erst der globale Schrecken entsteht. *Falling Man* ist ein Roman im freien Fall, eine Übung im freien Denken.«[5]

---

4 Vgl. dazu Peter Kock. »Der Schrecken des Gewöhnlichen und die Gewöhnlichkeit des Schreckens«. *Literaturkritik.de. Rezensionsforum für Literatur und Kulturwissenschaft*, 08.10.2007.
5 Ebd.

HATICE ARSLAN

Kriegsnachrichten in den Neuen Medien am Beispiel von facebook

Mein Projekt hat sich aus der Idee entwickelt, den Fortschritt der Informationstechnologie im Bereich der Kriegsnachrichten aus der Sicht der Jugend darzustellen. Diese Entwicklung lässt sich am besten über das weit verbreitete soziale Netzwerk facebook darstellen, das eine große Beliebtheit sowohl bei der Jugend als auch bei der Verbreitung von Kriegsnachrichten erhalten hat. Zuletzt haben wir dies im Arabischen Frühling beobachten können, wie lokale Ereignisse binnen von Sekunden durch Soziale Netzwerke über die ganze Welt verbreitet wurden.

Also habe ich beschlossen, eine fanpage auf facebook mit einer Fake-Adresse zu öffnen, die sich mit der aktuellen Krise in Syrien befassen sollte. Die Wahl Syriens als Konfliktthema war kein Zufall. Denn keine umkämpfte diktatorische Regierung hat es bis jetzt geschafft, einerseits so lange gegen die Aufständischen zu widerstehen, andererseits wurde konsequent seitens der Regierung in den Nachrichtendienst sowie das Internet eingegriffen, sodass man bis heute immer noch an der Glaubwürdigkeit und Sicherheit der Nachrichten aus der Region zweifelt.

Bei der Ausarbeitung des Projektes habe ich drei Strategien verfolgt:

1. Anonymität
2. Internationalität
3. Kommunikation

An zweiter Stelle musste also die fanpage ein breites Spektrum der facebookuser einschließen. Im Hinblick auf den Syrienkonflikt war das nicht so einfach, denn seit Beginn der Aufstände wird jeder Beobachter dazu aufgefordert, eine Stellung in diesem Konflikt einzunehmen: Entweder für oder gegen Assad. Die Neutralität zu bewahren, galt hier als unpraktisch. So habe ich beschlossen, meiner Seite den Namen »Like Against Assad« zu geben. Aus dem Titel lässt sich einfach erschließen, welche Position eingenommen wurde.

Facebook bietet dem Nutzer die Möglichkeit an, eine eigene fanpage zu öffnen, die durch einen »Like« von privaten facebookusern unterstützt bzw. verfolgt werden kann. Meine Seite jedoch sollte nicht der Verbreitung von expliziten Nachrichten dienen, sondern eine allgemeine Stellungnahme zum Syrienkonflikt von den Besuchern der Seite einfordern: Diese sollte mit einem einfachen Klick auf den »Gefällt mir«-Button geschehen. Innerhalb einer Woche sollte dann nachgewiesen werden, wie viele facebookuser gegen das Assad Regime sind. Nach einer Woche versprach ich, die Seite zu löschen. Diese Informationen habe ich in Form einer Bilddatei in drei Sprachen (Englisch, Deutsch und Türkisch) zusammengefasst und ebenfalls auf meine Seite gestellt, um den Besuchern meiner Website Sicherheit zu geben. Denn viele meiner Freunde gaben mir die Rückmeldung, dass sie ungern eine Seite liken würden, von der sie nicht wüssten, wer dahinter steckt.

Die Infobox lautete folgendermaßen:

> Dies ist ein einmaliges Projekt von Schülerinnen und Schülern, die zeigen wollen, wie viele facebookuser gegen das Assad-Regime sind. Das Projekt wird im Rahmen einer Tagung der Volkshochschule Osnabrück ausgewertet. Die Seite beinhaltet weder Post noch Meldungen. Das Projekt wird in einer Woche enden. Unterstütze uns mit deinem Like.

Für die Verbreitung dieser Seite kam schließlich die dritte Strategie ins Spiel. Ich habe viele Freunde und Seiten (u.a. fanpages) angeschrieben, mein Projekt zu liken (also auf den »Gefällt mir«-Button zu drücken) und zu teilen.

Das Ergebnis: Meine Seite wurde sowohl privat als auch öffentlich auf mehreren Seiten geteilt. Ich hatte 15 Seiten unterschiedlicher Nationalitäten angeschrieben, die über Syrien berichten und über tausend User haben (ohne darauf zu achten, welche Inhalte sie vermitteln). Davon haben sieben meine Seite geteilt.

Die Entwicklung der »Gefällt mir«-Angaben sowie die Besucherzahl stellte mir facebook in Form von Statistiken zur Verfügung:

Im Zeitraum von 16.12. bis zum 23.12.2012 haben 151 Personen meine Seite geliked. 35.102 Personen haben direkt oder indirekt meine Seite gesehen.

Eine weitere Statistik liefert Erkenntnisse darüber, aus welchen Ländern die »Gefällt mir«-Angaben stammen. Aus der ersten Spalte der Statistik kann man ablesen, dass die »Gefällt mir«-Angaben aus 14 verschiedenen Länder und allen Kontinenten kamen. Denn neben europäischen Staaten wie Schweiz, Österreich, Norwegen sind auch amerikanische (z.B. USA, Brasilien) oder asiatische (Indien, Jordanien, Vereinigte Arabische Emirate) Staaten vertreten.

Als Ergänzung möchte ich ebenfalls die Länderverteilung für die Personen hinzufügen, die direkt oder indirekt mit meiner Seite in Kontakt geraten sind. Mit dieser Statistik möchte ich noch einmal klarstellen, wie schnell sich meine Seite in kürzester Zeit verbreitet hat.

Länder	Städte	Sprachen
2.354 Deutschland	690 Osnabrück	2.275 Deutsch
137 Türkei	183 Berlin	249 Englisch (US)
108 Syrien	102 München, Bayern	223 Arabisch
63 Österreich	80 Hamburg	162 Türkisch
54 Saudi Arabien	66 Damaskus, Syrien	86 Englisch (UK)
36 Ukraine	57 Köln	39 Französisch (Frankreich)
34 Schweiz	51 Aachen	27 Polnisch
28 Vereinigte Staaten von Amerika	48 Münster	19 Russisch
27 Ägypten	46 Vienna, Austria, Österreich	9 Kurdisch
26 Frankreich	39 Stuttgart	9 Italienisch
26 Vereinigte Arabische Emirate	39 Istanbul, Türkei	9 Holländisch
24 Polen	35 Frankfurt am Main, Hessen	7 Portugiesisch (Brasilien)
21 Vereinigtes Königreich	34 Düsseldorf, Nordrhein-Westfalen	6 Spanisch
20 Jordanien	29 Bonn, Nordrhein-Westfalen	5 Norwegisch (Bokmal)
16 Irak	28 Riad, Saudi-Arabien	4 Spanisch (Spanien)
14 Holland	28 Charkiw, Ukraine	4 Dänisch
12 Schweden	27 Hannover	4 Bosnisch
10 Marokko	27 Bielefeld	3 Ungarisch
9 Italien	26 Dortmund	3 Kroatisch
8 Spanien	24 Magdeburg	3 Schwedisch

Auf dieser Liste sind insgesamt 20 Länder aufgeführt, die ebenfalls sehr verschieden sind. Mit diesen Statistiken konnte ich letztendlich zeigen, wie schnell sich eine fanpage auf facebook als Träger einer bestimmten Information über die ganze Welt innerhalb von einer Woche verbreiten kann. Die Entwicklung hat auch gezeigt, wie unsicher Menschen mit den Sozialen Netzwerken umgehen und jene Projekte unterstützen, deren Urheber sie nicht kennen. Mit diesen Beobachtungen erklärt sich auch, wieso ausgerechnet facebook im Arabischen Frühling so häufig im Einsatz war. Nicht nur das eigene Land, sondern Menschen aus aller Welt bekommen die Möglichkeit, die Entwicklungen aus erster Hand zu sehen. Viele achten nicht einmal darauf, wer hinter den Nachrichten steckt. Hauptsache man hat mit einem Klick demonstrieren können, welcher Position man angehört, oder fragmentiertes Wissen aufschnappen können, mit dem man im eigenen Freundeskreis angeben kann. Aber spielt quellenkritisches Vorgehen dabei eine Rolle?